이순신을 만든 사람들

일러두기
- 이 책에 실린 글은 여러 가지 역사적 기록에 작가의 상상력을 더해 만들어 낸 이야기입니다.
- 장계, 일기 등 옛 기록을 옮겨 적을 때는 쉬운 말로 풀어 썼습니다.
- 이 책에 나오는 날짜는 모두 음력입니다.
- 인물의 나이는 기준 연도에서 탄생 연도를 뺀 '연 나이'로 표기했습니다.

이순신을 만든 사람들

ⓒ 고진숙, 순미, 2024

초판 1쇄 발행 2004년 10월 22일
초판 23쇄 발행 2023년 6월 19일
개정판 1쇄 발행 2024년 7월 29일

글 고진숙 **그림** 순미
펴낸이 이상훈
편집 한겨레아이들
디자인 맥코웰
마케팅 김한성 조재성 박신영 김효진 김애린 오민정

펴낸곳 (주)한겨레엔 www.hanibook.co.kr
등록 2006년 1월 4일 제313-2006-00003호
주소 서울시 마포구 창전로 70(신수동) 화수목빌딩 5층
전화 02)6383-1602~3 **팩스** 02)6383-1610
이메일 book@hanien.co.kr

ISBN 979-11-7213-025-1 73900

- 책값은 뒤표지에 있습니다.
- 파본은 구입하신 서점에서 바꾸어 드립니다.
- 이 책의 일부 또는 전부를 재사용하려면 반드시 저작권자와 (주)한겨레엔 양측의 동의를 얻어야 합니다.

어린이제품안전특별법에 의한 표시
품명 어린이 도서 | **제조국** 대한민국 | **사용연령** 8세 이상 | **제조연월** 2024년 7월
주의사항 책 모서리에 다치지 않도록 주의하세요.

이순신을 도와 나라를 구한 일곱 명의 숨은 영웅

이순신을 만든 사람들

고진숙 글 순미 그림

한겨레아이들

개정판 **머리말**

우리의 가치를 일깨워 준 **숨은 영웅들**

이 책이 처음 나온 2004년 무렵의 일이에요. 어느 날 세계 지도를 보다가 깜짝 놀랐어요. 영국과 한반도의 실제 크기는 그리 차이가 나지 않는데, 영국은 크고 우리나라는 아주 작게 그려져 있었어요. 그걸 보면서 세계인들이 한국을 이렇게 작게 보고 있구나, 생각했습니다. 세계가 우리를 더 크게 보려면 우리 속에 숨은 가치들을 찾아야 했어요. 세계가 깜짝 놀랄 만한 우리 역사 속 이야기를 꼭 찾아내고 싶었습니다.

한국인들이 가장 존경하는 인물 중 하나가 이순신 장군입니다. 그런데 알려진 이야기들은 마치 이순신 장군이 혼자서 전쟁을 이긴 것처럼 그린 이야기뿐이었어요. 정말로 그럴까 의심해 보았습니다. 만일 이순신 장군을 도와 함께 승리를 이끈 사람들이 있다면, 그것은 우리 민족의 위대한 승리일 테니까요. 그런 생각으로 찾아보니, 정말로 이순신 장군을 도운 숨은 영웅들이 있었어요.

놀랍게도 그들은 그다지 유명한 인물들도 아니었고, 뛰어난 재주를 타고난 사람들도 아니었어요. 그렇지만 누가 뭐라건 자기가 좋아하는 일을 소중히 여기는 사람들이었습니다. 그런 일은 당시 조선 사회에서 그다지 인정받지 못하는 일이기도 했어요. 성공이란 말과도 거리가 먼 것들이었고요.

아마 전쟁이 일어나지 않았다면, 그리고 그들의 재능을 알아본 지도자를 만나지 못했다면 평범한 삶을 살았을 것입니다. 그러나 나라가 위기에 처하자 그들의 숨은 능력이 꼭 필요했습니다. 그리고 그들의 남다른 재능을 알아차리고 마음껏 펼칠 수 있는 기회를 준 이순신 장군의 리더십이야말로 승리의 원동력이었습니다. 이것이 우리에게 숨겨져 있던 가치이고 세계에 자랑할 만한 위대한 이야기였습니다.

  이 책이 나온 뒤로 이순신 장군에 대한 사랑과 존경이 더 뜨거워지면서 연구도 많이 이뤄졌습니다. 덕분에 이번 개정판에는 더 풍부한 이야기를 담을 수 있었습니다. 연구 자료를 바탕으로 거북선의 구조나 정철 총통의 제작 과정은 새롭게 구성했습니다. 이순신 장군이 감옥에서 나온 뒤 걸어간 백의종군 길 이야기도 덧붙였습니다. 임진왜란의 3대 해전인 한산대첩, 명량대첩, 노량대첩에 대해서는 당시 전투 상황을 알기 쉽게 새로 꾸몄습니다.

  어린이들이 이 책을 통해 자신의 가치를 소중히 여기는 사람들에 대하여 생각해 보고, 지도자는 어떤 사람이어야 하는지 느낄 수 있다면 더 없이 기쁘겠습니다.

2024년 7월

고진숙

차례

개정판 머리말 우리의 가치를 일깨워 준 **숨은 영웅들** 4
한눈에 보는 **임진왜란** 9

01 조선 과학 기술의 꽃, **거북선의 탄생 • 나대용** 23

조선을 구한 한 장의 설계도 | 쇳덩이를 물에 뜨게 할 수 있을까
배를 만들기 위해 붓을 꺾다 | 발상을 뒤집은 배 | 비밀 병기가 탄생하다
나대용을 알아준 두 사람 | 거북선에 숨겨진 비밀

02 조선 최고의 **해전 전문가 • 정걸** 45

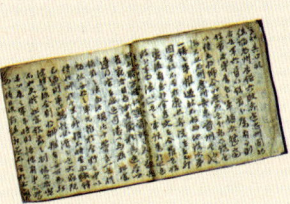

꾀돌이 발명왕 | 바다의 황제 판옥선
서른 살이나 많은 부하 | 일본을 떨게 한 백색 공포

03 물길 **연구에 바친 삶 • 어영담** 61

바다에 미친 사람 | 물귀신의 눈을 얻다
임금도 인정한 물길 전문가 | 어영담과 31인의 특공대

04 화약을 제조한 숨은 과학자 • **이봉수** 75

과학자의 자질을 가진 관리 | 임진왜란은 화약 전쟁
염초의 비밀에 도전하다 | 이름 없는 화학자

05 조총의 비밀을 밝혀라 · 정사준 91

의로운 양반의 새로운 도전 | 신분을 넘어선 의기투합
정철총통을 만들다 | 과학 기술에 투자하라

06 한산해전을 승리로 이끈 천재 전략가 · 이운룡 107

원균을 움직인 부하 | 경상도 앞바다를 지켜라
일본을 이길 유인 작전 | 세계를 놀라게 한 전투

07 이순신의 숨은 후원자 · 이억기 127

벼랑 끝에 선 이순신을 구하다 | 두 영웅의 진한 우정 | 장군을 살린 편지

08 우리 역사의 진정한 영웅 · 이순신 141

싸움은 힘이 아니라 과학이다 | 정정당당하게 평가받는 무관의 길을 택하다
실력만이 존중되어야 한다 | 적을 알고 나를 알면 백전백승 | 두 번째 백의종군
죽고자 하면 살고, 살려고 하면 죽는다 | 세상에서 가장 아름다운 유언

연표로 보는 인물들의 발자취 174

한눈에 보는 임진왜란

- 한반도 주변 상황
- 쇠약해진 조선
- 임진왜란의 전개

1. 한반도 주변 상황

1555년 을묘왜변 이후 왜구는 더 이상 남해 바다에 나타나지 않았습니다. 대신 조선은 1583년 이후 극성을 부리는 두만강 유역 여진족을 물리치는 데 모든 힘을 쏟았습니다. 그동안 일본은 자기들끼리 싸우면서 강해지고 있었지만 우리나라에는 아무런 영향도 미치지 않았기 때문에 관심을 두지 않았습니다.

조선의 관심이 여진족에게 쏠려 있었기 때문에 장수들은 여진족과 싸우던 방식에 익숙했습니다. 그 방법만 고집하다 임진왜란 초반에 일본의 무기에 대처하지 못하고 밀려 버린 것입니다.

소리 없는 강자 누르하치의 등장
여진족 추장에 오른 누르하치는 주변국과 싸우는 대신 조용히 만주 지역을 통합하면서 힘을 키웠습니다. 임진왜란이 일어나기 1년 전인 1591년 압록강 유역을 평정했으며, 결국 임진왜란으로 혼란스러운 틈을 타 명나라를 정복한 뒤 후금을 건국했습니다.

무력해진 거인 명나라
마지막 황제인 만력제가 방탕한 생활에 빠져 나라의 힘이 점점 약해지고 있었습니다. 게다가 임진왜란이 일어나 군사를 조선에 파견하면서 나라는 더욱 기울어 1644년 누르하치가 세운 후금에 멸망하고 말았습니다.

명나라

대포 앞에 무릎 꿇은 여진족

1583년 함경도 북부 지역에서 니탕개가 반란을 일으켰지만 신립 장군이 이끄는 조선군 토벌대가 두만강을 넘어 여진족 근거지를 습격하였습니다. 2만 명이나 되는 여진족은 강렬하게 저항했지만 대포와 승자총통을 앞세운 조선의 화약 무기 앞에 무릎을 꿇게 됩니다. 1587년 다시 녹둔도에 침입하였다가 이일 장군이 이끄는 토벌대에 패해 완전히 힘을 잃습니다.

압록강 유역
여진족(만주족)

두만강 유역
여진족

도요토미 히데요시의 일본 통일

일본은 오랫동안 강력한 장군인 '쇼군'이 지배하던 막부 시대가 계속되고 있었습니다. '막부'는 군대 천막 안에 만든 무인들의 정부란 뜻입니다. 하지만 각 지방 우두머리인 '다이묘'들이 반기를 들고 일어서면서 100년간이나 전쟁을 치르게 됩니다. 새로운 화약 무기인 조총으로 싸움을 제압한 사람은 오다 노부나가였는데, 그가 죽자 도요토미 히데요시가 이어받아 일본을 통일하고 모든 권력을 손에 쥡니다.

도요토미 히데요시는 명나라와 무역을 원하는 상인들의 요구를 들어주고, 불만을 가진 세력을 없애기 위해 조선 침략을 계획합니다.

일본

왜구의 해적질과 을묘왜변

일본은 섬나라여서 해적들이 많았는데, 일본 해적을 왜구라고 부릅니다. 조선 초기 대대적인 소탕 작전으로 잠잠했던 왜구들이 화약 무기를 가지게 되면서 다시 나타나기 시작합니다. 1555년에는 남해안 일대에서 해안가 마을을 습격하는 등 왜구들이 극성을 부렸는데 이를 을묘왜변이라고 부릅니다. 불행하게도 조선은 이 사건 이후 일본과의 관계를 끊어 버렸기 임진왜란을 전혀 예측하지 못했습니다.

2. 쇠약해진 조선

조선은 한글을 만들고 《경국대전》이라는 법률을 만들고 4군 6진을 개척하는 등 발전하는 모습을 보였습니다. 하지만 왕권을 강화하기 위해 몇몇 신하에게 공신 자격을 주면서 다시 관직과 토지가 일부에게 쏠렸고, 이것을 두고 서로 다투면서 나라와 백성을 부강하게 할 일에는 점점 관심을 두지 않게 됩니다.

조광조 영정(전라남도 곡성 야산조양연미술관)

01 훈구파의 횡포

조선은 건국 후 과거 제도를 통해 능력 있는 관리를 뽑아서 나라를 다스렸기 때문에 계속 발전합니다. 하지만 조선 건국과 발전에 공을 세운 훈구파들이 파벌 중심으로 관리를 뽑으면서 정치가 어지러워지고 백성들이 힘들어집니다. 농민들이 애써 개간해 놓은 땅을 빼앗거나 세금을 터무니없이 매기는 일이 벌어지기 시작합니다.

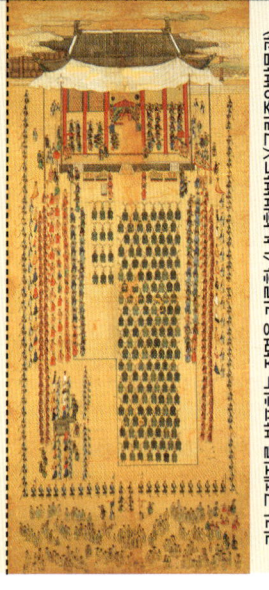

과거 급제자를 발표하는 장면을 기록한 〈난랑현방방도〉(국립중앙박물관)

02 조광조의 개혁 실패

문신 조광조는 잘못된 일들을 바로잡기 위해 나섭니다. 모든 백성들에게 토지와 관직을 얻을 수 있는 기회를 똑같이 주고 세금 징수를 제대로 하기 위한 개혁이었습니다.

하지만 반대 세력에 의해 조광조와 그를 따르는 선비들은 죽거나 유배당하여 개혁은 실패하고 맙니다. 1519년 기묘년에 일어난 이 일을 '기묘사화'라고 부릅니다.

임꺽정 동상(강원도 철원)

03

어려움에 처한 백성과 임꺽정의 봉기

권력을 가진 양반들과 지방 사또들이 결탁하여 농민들을 못살게 굴었습니다. 농민들은 수확한 곡식의 반을 세금으로 바치고, 그것도 모자라 밤이면 베틀에 앉아 베를 짜거나 지역 특산물을 만들어 나라에 바쳐야 했습니다. 뿐만 아니라 일을 해야 할 건장한 남자들이 군대에 갔기 때문에 여자들과 노인들만 남아서 세금을 내고 특산품을 보내고 나면 남는 게 아무것도 없었습니다.

임꺽정은 땅도 빼앗기고 세금에 눌려 신음하는 백성들을 모아 봉기를 일으켰지만 결국 1562년 관군에게 토벌되었습니다.

도산서원(경상북도 안동)

지방 서원과 당파 싸움

양반 관리들은 훈구파를 몰아낸 후 1575년 선조 임금 때부터 벼슬자리를 두고 경쟁하기 시작합니다. 관직은 더 이상 백성을 잘살게 하고 나라를 강하게 하기 위한 자리가 아니라 한몫 챙기는 자리가 되어 버렸습니다. 양반 관리들은 전쟁이 시작되자 갑옷을 꺼내 입는 대신 패물과 곡식을 말에 태워 가족이 있는 한양으로 올려 보냈습니다. 그러고는 도망쳐 버렸습니다.

율곡 이이의 십만양병설

여진족도 일본도 힘이 커지고 있었는데 이것을 똑바로 본 사람은 율곡 이이뿐이었습니다. 율곡은 1583년에 선조에게 '십만양병설'로 불리는 개혁안을 내놓았습니다. 군사 10만 명을 잘 훈련시켜 북쪽의 여진이나 남쪽의 일본이 도발해 올 때를 대비하자는 내용이었습니다. 그런데 다음의 말을 보면 그 안에 숨어 있는 율곡의 다른 뜻을 짐작할 수 있습니다.

"신은 죽음을 무릅쓰고 위태로운 상황에 대해 대략 말씀드리겠습니다. 지금 백성들의 생업은 거꾸로 매달린 것보다 더 고통스럽습니다."

즉, 백성들에게 땅을 골고루 나눠 주고, 세금을 정의롭게 징수하며, 관직에 나갈 기회를 열어 주지 않으면 나라가 망할 것이며, 혹시라도 다른 나라의 적들이 침략해 와도 막을 사람이 없다는 뜻입니다.

하지만 율곡의 개혁안은 받아들여지지 않았습니다. 조선은 나라를 세운 지 200년 동안 외적의 침략을 받은 적이 없이 평화롭게 살아왔는데 쓸데없는 일에 나라의 곳간을 축낼 필요가 없다는 이유였습니다.

1584년 율곡은 눈을 감았고, 그 후 아무도 개혁을 말하지 않았습니다.

율곡 이이 동상(서울 사직공원)

일본에 도착한 조선통신사를 묘사한 〈낙중낙외도 6폭 병풍〉 일부(국립중앙박물관)

06

조선통신사 파견과 잘못된 판단

조선 정부는 1590년에 일본이 전쟁을 일으킬 낌새가 있는지 알아보기 위해 외교 사절단인 통신사를 일본에 파견했습니다. 그때 통신사로 갔던 김성일과 황윤길은 서로 견제하느라 사실을 제대로 보고하지 않았고, 조선 정부는 '전쟁은 없다'는 결론을 내렸습니다. 전쟁을 대비할 마지막 기회를 놓친 것입니다.

3. 임진왜란의 전개

전쟁이 벌어지자 순식간에 한양은 물론 평양까지 뺏겼습니다. 하지만 의병들이 일어나고 한산대첩을 치르며 분위기는 반전됩니다. 진주대첩으로 전라도 곡창 지대를 지켜 내자 일본은 더 이상 이길 수 없는 전쟁이 되었습니다. 행주대첩 이후 일본군은 남해안에 웅크리고 기나긴 강화 협상을 벌입니다. 명량해전 승리와 도요토미 히데요시의 죽음으로 전쟁은 막을 내립니다.

01

일본군의 부산 상륙

(1592년 4월 13일)

일본은 대마도를 출발해 부산에 상륙했습니다. 이때 부산 첨사 정발 장군이 끝까지 싸우다 전사합니다.
4월 15일 동래 부사 송상현과 백성들이 힘을 모아 싸웠으나 결국 동래성마저도 빼앗기고 모두 죽습니다. 동래는 부산의 옛 이름입니다.

탄금대(충청북도 충주)

한양으로 가는 길목을 내주다
(1592년 4월 28일)

조선이 가장 믿었던 신립 장군은 한양을 지키는 마지막 보루인 충주 탄금대에서 일본군에 패배해 전사합니다. 결국 조선 정부는 30일 새벽 피난길에 오릅니다.

02 03　　　　　　　　　　**04**

〈옥포해전〉(해군사관학교박물관)

최초의 승전보, 옥포해전
(1592년 5월 4일)

이순신 함대는 옥포해전 승리를 시작으로 남해 바다에 있는 일본군을 물리쳐 나갑니다. 함경도와 평양까지 치고 올라간 일본은 전쟁 물품을 보급받을 길이 막혀 곤란에 빠집니다.

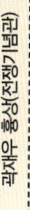

곽재우 흉상(전쟁기념관)

홍의장군 곽재우의 첫 승리
(1592년 5월 18일)

곽재우는 최초로 의병을 모집하여 기강전투에서 승리합니다. 그 뒤 의병들이 곳곳에서 들고 일어나자 일본군은 고립되기 시작합니다.

한 눈에 보는 **임진왜란** 017

〈한산해전도〉(해군사관학교박물관)

조선에 희망을 불러일으킨 한산대첩

(1592년 7월 8일)

남해 바다의 운명을 걸고 승부를 벌인 이순신 함대가 일본 수군을 크게 무찌르자 일본은 후퇴할 생각을 합니다.
명나라 군대가 들어오자 일본은 강화 협상을 시작하며 시간을 끌어 반격할 기회를 노릴 수밖에 없었습니다. 1597년 이순신 장군이 옥에 갇히자 일본은 반격을 시작합니다.

05   **06**

조총을 제압한 신무기, 비격진천뢰 개발

(1592년 9월 8일)

경주의 화포장(화약 무기 관련 일을 맡아 하는 장인) 이장손은 비격진천뢰라는 임진왜란 최고의 화약 무기를 개발합니다. 비격진천뢰의 활약으로 함락당한 경주성을 되찾고, 조선군은 일본에 뒤처지지 않는 힘을 갖게 됩니다.

비격진천뢰(현충사)

진주성(경상남도 진주)

곡창 지대를 지켜 낸 진주대첩

(1592년 10월 10일)

진주대첩은 진주 목사 김시민과 백성 3,800명이 일본군 3만 명을 맞아 10월 5일부터 10일까지 싸워 이긴 전투입니다. 김시민 장군은 여러 가지 신무기를 개발하여 성을 지켜 냈지만 그만 전사하고 말았습니다.

전라도로 가는 길목, 진주를 지켜 내자 일본은 더 이상 곡창 지대에 접근할 수 없게 됩니다. 일본군은 이때의 패배를 되갚기 위해 다음 해 6월 다시 쳐들어와 진주성을 빼앗고 사람들을 모조리 죽입니다.

07 08

한양을 되찾은 행주대첩

(1593년 2월 12일)

권율 장군과 승병장 처영이 행주산성에서 한강을 등지고 겨우 3,000명의 군사로 3만 명의 일본 군사를 맞아 대승리를 거둡니다. 행주대첩에서 패한 일본군은 한양을 버리고 도망가기 바빴습니다. 전쟁의 승패를 결정할 정도로 중요한 승리였기 때문에 한산대첩, 진주대첩과 더불어 임진왜란 3대 대첩으로 불립니다.

〈행주대첩도〉(육군박물관)

구포왜성(부산광역시)

재침략의 기회를 엿보는 일본
(1596년 9월)

명나라 구원군이 들어오고 이순신 장군에게 계속 패배하자, 일본은 경상도 부근에 왜성을 쌓아 다시 침략할 기회를 엿보고 있었습니다. 5년간 계속된 명나라·일본의 강화 회의는 1596년 9월 일본에 있는 오사카성 회담에서 의견이 맞지 않아 끝이 납니다. 마침내 12월, 일본은 전열을 재정비하여 다시 침략할 태세를 갖춥니다. 강화 회의는 시간 끌기 작전이었던 셈입니다.

09 **10**

이순신의 일대기를 그린 〈십경도〉 중 업음 장면(현충사)

이순신을 제거한 일본의 재침략
(1597년 1월)

재침략할 준비를 끝내고 부산으로 상륙한 일본군은 첩자 요시라를 보내 못된 꾀를 부립니다. 이에 말린 조선 정부는 이순신 장군이 일본군 대장 가토를 잡을 기회를 놓치고 있다고 여기고 화를 냅니다. 결국 1월 27일 이순신 장군을 파직시켜 서울로 체포해 가고, 삼도수군통제사 자리에는 원균을 앉힙니다.

이순신이 남해를 떠났다는 사실을 알게 된 일본은 2월 22일 다시 침략해 오는데, 이 싸움이 바로 정유재란입니다.

원균의 묘(경기도 송탄)

칠천량해전의 패배와 이순신의 재등장

(1597년 7월)

원균이 지휘하는 조선 수군이 칠천량해전에서 전멸하고 원균, 이억기가 전사합니다. 이로써 남해 바다의 주도권과 전라도가 일본에게 넘어갑니다.

조선은 이순신 장군을 다시 삼도수군통제사로 임명합니다. 이순신은 군사도 배도 없는 수군을 다시 모아 나라를 지켜야 했습니다.

일본의 기세를 꺾은 명량해전

(1597년 9월 16일)

이순신 장군이 어렵사리 모은 배는 단 12척. 군사들도 앞다투어 모여들었지만 절대적으로 불리한 상황에서 일본군과 맞섭니다. 1척을 보태 13척의 배와 몇 안 되는 조선 수군은 명량 앞바다를 빠져나가 서해로 진출하려던 일본군 330척을 상대로 대승을 거둡니다. 이로써 일본은 조선을 정복하려던 자신들의 꿈을 다시 접어야 했습니다. 이 전투가 바로 명량해전입니다.

그 후 일본이 남해 바다를 차지하면 중국 해안까지 다가갈 것을 걱정한 명나라에서 수군을 보내왔기 때문에 일본은 더 이상 버틸 수가 없었습니다.

〈십경도〉 중 명량해전을 묘사한 그림(현충사)

기나긴 전쟁의 끝, 노량해전
(1598년 11월 19일)

일본의 지도자로 무모하게 조선을 침략했던 도요토미 히데요시가 세상을 떠나고, 일본군은 일본으로 철수하라는 명령이 떨어집니다. 그러나 이순신 함대가 길목을 막고 있었고, 도망치지 못한 일본군은 명나라의 진린 장군을 매수하려 합니다. 그러나 진린 장군은 이순신 장군의 끈질긴 설득을 받아들였습니다. 배를 타고 도망치던 일본군은 노량 앞바다를 지날 무렵 미리 와 있던 조선-명나라 연합 함대에 크게 패합니다. 일본은 그 후 다시는 조선을 넘볼 엄두를 내지 못하였습니다. 이 전투에서 이순신 장군은 일본군이 쏜 탄환에 맞아 전사하였고, 7년을 끌었던 전쟁도 끝이 납니다.

⑧ 노량해전을 묘사한 그림(현충사) 〈조경판〉

01 조선 과학 기술의 꽃, 거북선의 탄생
나대용

- 조선을 구한 한 장의 설계도
- 쇳덩이를 물에 뜨게 할 수 있을까
- 배를 만들기 위해 붓을 꺾다
- 발상을 뒤집은 배
- 비밀 병기가 탄생하다
- 나대용을 알아준 두 사람
- 거북선에 숨겨진 비밀

조선을 구한 한 장의 설계도

진해루

진해루는 2층 누각 건물로 이순신 장군이 이끄는 전라좌수영의 작전 회의가 열렸던 곳입니다. 정유재란 때 일본군은 이곳을 제일 먼저 불태웠습니다. 지금 그 자리에는 지방관아 건물로는 가장 큰 진남관(국보 제304호)이 새로 세워졌습니다.
진해루는 바다를 지킨다는 뜻이며, 진남관도 남쪽을 지킨다는 뜻입니다.

• 외국으로부터 쳐들어오는 적을 외적이라고 하는데, 왜나라(일본) 적만큼은 '왜적'이라고 부릅니다.

•• 임금과 신하가 나랏일을 의논하여 정하는 곳.

1591년 3월, 전라도 나주골에서 두 명의 청년이 길을 나섰습니다.

"형님, 정말 우리가 잘하는 일일까요?"

"글쎄다. 그분은 믿을 만하다고 하니 일단 찾아가 보는 수밖에……."

두 사람의 얼굴은 어두웠습니다. 한 사람은 나대용, 또 한 사람은 사촌 동생 나치용입니다. 나대용은 품속에 한 장의 설계도를 가지고 있었습니다. 지난 10여 년 동안 미친 사람 취급까지 받으면서 정성을 기울여 만든 설계도입니다.

바닷바람이 불어왔습니다. 목적지에 다다른 모양입니다.

"시간이 얼마 남지 않았다."

나대용은 멀리 언덕 위에 있는 누각을 바라보며 말했습니다. 커다란 글씨로 '진해루'라고 쓰여 있었습니다.

"형님, 왜적•들이 머지않아 들이닥칠 거라고들 합니다. 그때까지 형님의 설계도가 빛을 보지 못한다면……."

나치용은 고개를 가로저었습니다. 생각만 해도 끔찍했거든요.

당시 나라 안팎은 어지러웠습니다. 일본은 이미 전쟁 준비를 마치고 출격할 날만 기다리고 있었습니다. 하지만 조정••에

선 그 사실을 믿으려 하지 않았습니다. 더욱이 일본군은 조총이라는 신무기로 무장까지 했는데, 그에 반해 조선은 아무런 대비가 없었습니다. 정말 위기의 순간이었지요.

그때 나대용은 이렇게 판단했습니다.

'바다에서 막아 버리면 조선 땅에 발도 못 붙일 거야.'

바다를 막을 비밀 병기. 나대용은 바로 그 설계도를 품고 한달음에 진해루 앞까지 왔습니다. 빨리 훌륭한 장수를 만나 비밀 병기를 완성해야 한다는 생각으로 나주에서 여수까지 쉬지 않고 온 것입니다.

나대용은 다시 한번 품속의 설계도를 만지작거려 보았습니다. 만일 지금 저 진해루 위의 장수마저 나를 미치광이로 여긴다면……. 그것은 생각조차 하기 싫었습니다. 어릴 적부터 수없이 따돌림을 당하고, 많은 사람에게 줄곧 미치광이 취급을 받았지만 언젠가 나라를 구할 비밀 병기의 설계도를 완성할 생각에 견뎌 왔습니다.

'그래, 조선의 운명을 저 장수에게 맡겨 보자.'

나대용은 주먹을 꼭 쥐었습니다. 그리고 옆에서 걱정스러운 듯 바라보던 나치용을 향해 고개를 한 번 끄덕였습니다.

"이번만은…… 믿을 만하다."

나대용이 힘주어 말했습니다.

"어째서요?"

나치용이 물었습니다.

"여기 오면서 보지 않았느냐? 다른 병영*과 달리 이곳은 군율이 엄하다는 것을 한눈에 알 수 있다. 병사들의 걸음걸이도 일정하고 말소리도 크지 않으며 막사도 깨끗하다. 무엇보다 병사들의 눈을 보면 자신감이 넘쳐. 훌륭한 장수 밑에서 제대로 훈련을 받았다는 표시지."

나대용은 8년 전에 무과에 급제하여 여진족 오랑캐로부터 북방을 지키는 일을 비롯하여 병영을 일곱 곳이나 돌아다녔던 터라 잘 알고 있었습니다. 나치용도 고개를 끄덕였습니다. 나치용은 무과 시험을 준비하다 위기가 닥쳐오는 걸 두고 볼 수 없어서 나대용을 따라나선 길이었습니다.

• 지금의 군부대. 조선 시대에는 주변의 마을을 다스리는 공공 기관의 역할도 했습니다.

두 사람은 진해루를 향해 한 걸음 한 걸음 나아갔습니다. 나대용의 품속에 있는 설계도도 세상을 향해 조금 가까워진 것입니다.

나대용이 멀리 나주 땅에서 한달음에 달려와 만나고자 했던 장수, 진해루 위에 서 있던 장수는 과연 누구일까요? 바로 '임진왜란' 하면 떠오르는 '이순신'입니다. 이순신은 일본군을 물리치기 위해 이곳에서 밤낮없이 작전을 세우고 군사를 훈련시켰습니다. 나대용은 그날 마침내 설계도 한 장을 이순신 장군에게 바쳤습니다.

임진왜란 하면 이순신이 떠오르듯 이순신 하면 곧장 뒤따라 나오는 말이 '거북선'입니다. 우리는 일본의 침입을 막기 위해 이순신이 거북선을 만들었다고 알고 있습니다. 그런데 이순신은 과학자도, 기술자도 아닌데 어떻게 거북선을 만들었을까요? 우리가 모르는 과학자나 기술자가 있었던 것은 아닐까요?

거북선의 설계도를 만들어서 이순신 앞에 바친 과학자, 그가 바로 나대용이었습니다. 그날 이순신에게 바친 설계도는 바로 거북선의 설계도였던 것이지요.

이순신은 나대용의 설계도를 보고 매우 기뻐했습니다. 그리고 당장 나대용을 거북선을 만드는 부서의 책임자인 전선 감조 군관*으로 임명했습니다.

나대용은 이순신의 지휘 아래 그날부터 하루도 쉬지 않고 배 만드는 일에 매달려 마침내 1년 만인 1592년 4월에 거북

• 정식 명칭은 '감조전선출납군병군관'으로, 배를 만들고 수리하고 병사들을 관리하는 역할입니다.

장수들의 이름을 딴 국산 잠수함

우리나라에는 장보고급 잠수함이 9척 있습니다. 그중 4척이 이순신 장군의 부하 장수들 이름으로, 정운·이순신·나대용·이억기 함입니다.
이중 이순신은 충무공 이순신이 아닙니다. 이름은 같지만 한자가 다른 이순신(李純信, 1554~1611)입니다. 그는 경상우도수군절도사로 노량해전에 참전하여 삼도수군통제사 이순신 장군이 총탄에 맞아 전사하자 조선 수군을 지휘한 것으로 유명합니다. 이름만 같은 게 아니라 용맹하고 실력 있는 장수였지요.
충무공 이순신 장군의 이름은 바다의 요새라고 할 수 있는 구축함 이름에서 찾을 수 있습니다. 우리나라 구축함은 광개토대왕급이 3척, 충무공 이순신급이 6척, 그리고 세종대왕급이 3척 있습니다.

선을 완성했어요. 그런데 정말 아슬아슬하게도, 바로 다음날 임진왜란이 일어났습니다. 거북선이 하루라도 늦게 완성되었더라면 어찌 되었을까요? 생각할수록 아찔합니다.

만일 나대용의 설계도가 제때 도착하지 않았거나 이순신이 그 설계도를 보고 곧바로 거북선 만들기에 들어가지 않았다면 거북선은 전쟁이 일어나기 전에 완성되지 못했을 겁니다. 거북선이 없었다면 이순신과 조선은 무척 위태로웠을 것입니다.

그런 의미에서 1591년 3월, 나대용이 거북선의 설계도를 바친 일은 정말 조선의 운명을 바꾼 일이 아닐 수 없어요. 어릴 적부터 줄곧 생각했던 '언젠가 나라를 구할 비밀 병기'를 만들겠다는 나대용의 꿈은 거북선에 대한 집념으로 변해서 조선을 구한 한 장의 설계도로 탄생한 것입니다.

400여 년이 지나고 후손들은 그를 기려 해군의 잠수함 이름을 '나대용 함'이라고 지었습니다. 이순신을 도운 장군으로는 알려져 있지만 뛰어난 과학자·기술자로서는 역사 속에 숨겨진 인물 나대용, 그는 어떤 사람이었을까요?

나대용 함

이억기 함

쇳덩이를 물에 뜨게 할 수 있을까

영산강 물줄기 하나를 따라 올라가면 작고 아담한 오륜 마을이 있습니다. 옛날에는 그 앞에 커다란 방죽*이 있었다고 합니다. 그래서 마을 이름도 방죽골이었어요. 그 방죽에는 언제나 한 아이가 놀고 있었습니다. 그 아이가 1556년 7월 29일, 지금의 전라남도 나주시 문평면 오륜마을에서 태어난 나대용입니다.

"대용이 형, 여기서 뭐 해? 훈장님이 형 안 왔다고 화가 많이 나셨어."

치용은 서당에서 오는 길인지 책보를 허리에 묶은 채 뛰어오면서 말했습니다.

"아차차. 벌써 글공부 시간이 끝나 버린 거야?"

대용은 하늘을 쳐다보았습니다. 해는 벌써 높이높이 떠 있었습니다. 대용은 자신의 머리를 쥐어박았습니다. 어쩌다 보니 오늘도 서당을 빼먹은 것입니다.

"어휴, 하여튼 형은 알아줘야 해. 오늘은 도대체 뭐 때문에 서당 가는 걸 까먹은 거야? 지난번엔 개미집 구경하러 따라가다가 그랬다더니……."

"응, 그게 말야. 아침에 서당에 가다 이 방죽을 지나는데 물방개가 휙 지나가더라고."

• 둑을 쌓아 둘러막은 못이나 저수지.

나대용의 생가

나주시 오륜마을에 있는 위의 정갈한 초가집이 바로 나대용 장군의 생가입니다. 바로 앞 방죽에서 천하무적의 배에 대한 꿈을 키웠습니다. 생가 근처에 나대용과 관련된 여러 유적과 전설이 남아 있는 것으로 보아, 후손들이 얼마나 자랑스러워했는지 알 수 있습니다. 나대용 장군을 모신 사당, 소충사에서는 매년 4월 21일 과학의 날에 추모제가 열립니다.

• 《논어》《맹자》《중용》《대학》의 사서와 《시경》《서경》《주역》의 삼경. 유교 경전이자 과거 시험의 필독서였습니다.

대용은 머리를 긁적이며 말했습니다.

"그게 뭐 어때서? 물방개야 늘 이 방죽에 있는 거잖아!"

치용은 어이가 없었습니다. 늘 있는 물방개가 뭐 어떻다는 얘긴지. 하지만 대용은 눈을 반짝이며 말했습니다.

"신기하지 않니? 물 위에 떠서 재빠르게 돌아다닐 수 있다는 게."

"뭐가 신기하다는 거야? 물방개가 물 위로 다니는 게 당연하지."

치용은 시큰둥하게 말했습니다. 대용은 언제나 그랬습니다. 늘 이상한 것에 관심을 가졌고, 이상한 것만 만들어 대는 통에 친구도 없었습니다. 더군다나 한 가지 생각에 몰두하면 밥 먹는 것도 잊어버리기 일쑤여서 사람들은 괴짜라고 생각했습니다. 그렇지만 치용은 대용을 좋아했고 늘 따랐습니다. 또한 평생 친구 하나 없이 지냈던 대용에겐 사촌 동생 치용이 유일한 벗이었지요.

나대용의 집안은 제법 유명한 양반 집안이었습니다. 집안 사람들이 그 어렵다는 과거 시험에 척척 붙었기 때문에 대용도 그렇게 될 거라고 기대했습니다. 어릴 때는 꽤 똑똑해서 사서삼경•을 줄줄 읽고, 뜻풀이도 척척 했으니까요. 그런데 어느 날부터인가 이상한 것에 관심을 두기 시작하더니 늘 방죽에 나와 살다시피 했습니다.

"사실은 며칠 전부터 생각해 온 건데 말야, 이 쇳덩이를 물방개처럼 물에서 빠르게 달리게 하고 싶은데 잘 안 돼서……."

대용은 조심스럽게 치용의 눈치를 살피며 말했습니다. 보나 마나 치용은 말도 안 되는 소리라고 할 게 분명했거든요. 아니나 다를까 치용은 눈을 동그랗게 뜨고 말했습니다.

"뭐? 형 바보 아냐? 빠르게 달리는 건 둘째 치고 어떻게 그 무거운 쇳덩이가 물에 뜨겠어?"

"아냐, 치용아. 그렇지 않아. 내가 오랫동안 실험해 보았는데 말이야, 사기 조각은 물에 가라앉지만 똑같은 사기로 만든 술병은 물에 떠. 그러니까 쇳덩이도 그런 모양이면 물에 뜰 거야."

"어? 그럴지도 모르겠네. 아무튼 형 말은 듣다 보면 그럴

듯하단 말야. 사람들이 왜 형더러 이상하다 그러는지 그게 더 이상해."

치용은 대용 형이 사람들에게 인정받지 못해서 속상했습니다. 그리고 한편으로는 이렇게 재밌는 생각을 많이 하고 가끔 멋진 장난감도 만들어 주는 형이 언젠가는 사람들의 존경을 받게 될 거라 믿었습니다.

"근데, 형. 형은 쇳덩이를 물에 띄워서 뭐 할 건데?"

"배 만들려고."

"배?"

"응, 쇠처럼 강하고 물방개처럼 빠른 배 말야. 바다에선 무적의 배가 될 거야."

"와, 멋지다. 나도 태워 줄 거지?"

"그래. 우리 같이 타고 바다를 누비자."

대용과 치용은 마주 보며 사이좋게 웃었습니다.

배를 만들기 위해 붓을 꺾다

대용은 스무 살이 되자 붓을 꺾었습니다. 과거에 합격해서 집안의 명예를 드높여 주길 바라는 부모님의 기대 때문에 주저해 왔지만 더 이상 미룰 수 없었습니다. 나대용은 천하무적인 배를 만들고 싶었습니다.

당시 과거는 문과와 무과로 나뉘었는데, 우리가 보통 말하는 과거는 문과 시험으로 나라의 중요한 관리가 되는 길이었습니다. 과거에 급제하면 부와 명예를 얻을 수 있었기 때문에 양반들은 누구나 과거에 매달렸습니다. 나대용의 집안도 마찬가지였어요.

조선 시대에 배는 수군 진영에서 만들었습니다. 수군에 들어가 배를 만들려면 군인인 무관이 되어야 했습니다. 무관은 문과 시험을 통과한 문관에 비해 벼슬이 낮았고 존경도 덜 받았습니다. 그 길을 선택한 것은 나대용에겐 용기가 필요한 일이었습니다. 그러나 그 어떤 것도 그의 꿈을 가로막을 수는 없었습니다.

나대용은 무과 시험 준비를 위해 맹연습에 들어갔습니다. 스무 살에 무과 시험을 준비하는 것은 그리 늦은 것도, 그렇다고 빠른 것도 아니었습니다. 하지만 한시라도 빨리 꿈을 펼치려는 나대용은 마음이 바빴습니다. 지금도 그의 고향에는 당시 말타기와 활쏘기 연습을 했던 곳을 알리는 장군바위가 남아 있습니다. 마침내 나대용은 무과 시험에 합격하여 꿈에 그리던 무관이 되었습니다. 붓을 꺾은 지 8년 만이니 굉장히 열심히 노력한 결과였어요.

나대용은 무과 급제 후 함경도를 비롯한 여러 지역을 돌며 나라를 지키기 위해 애썼습니다. 하지만 벼슬은 고작 두 단계밖에 오르지 못했습니다. 워낙 곧고 강인한 데다 윗사람에게 잘 보이는 성격이 아닌 탓이었지요. 하지만 상관없었습니

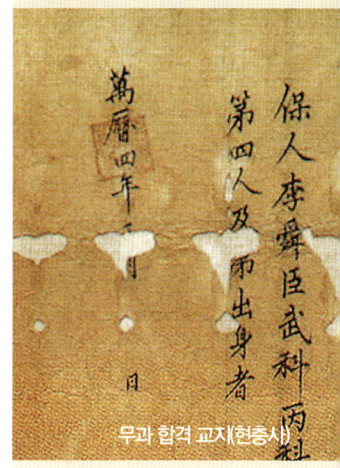

이순신의 무과 합격

무과 합격 교지(현충사)

이순신은 서른한 살인 1576년에 12등으로 무과에 합격했습니다. 당시 최종 합격 인원은 29명으로 합격자 평균 연령은 서른네 살이었으며, 가장 나이 어린 합격자는 스물세 살, 가장 나이 많은 합격자는 쉰두 살이었다고 합니다.
교지는 임금이 신하에게 내리는 명령서를 말합니다.

조선의 신분 사다리

품계	품계명
정1품 / 종1품	당상관
정2품 / 종2품	
정3품 상계	
정3품 하계	당하관(참상관)
종3품 / 종3품	
정4품 / 종4품	
정5품 / 종5품	
정6품 / 종6품	
정7품 / 종7품	당하관(참하관)
정8품 / 종8품	
정9품 / 종9품	

위 표에서 색이 달라지는 경계선은 넘기가 매우 힘들었습니다. 당상관은 임금과 나랏일을 함께 의논할 수 있는 자리입니다. 과거 시험에 합격하지 않으면 이 자리까지 오르기는 불가능합니다. 당하관은 다시 참상관과 참하관으로 나뉩니다. 둘 사이에는 대접의 차이가 매우 커서 참하관에서 참상관으로 올라가면 명예롭게 생각했습니다. 참하관은 과거 시험에 합격하지 못한 서민들이 들어갈 수 있는 유일한 품계입니다.

다. 그에게는 원대한 꿈이 있었으니까요.

1589년 어느 날, 더 이상 미룰 수 없다고 생각한 나대용은 고향 마을로 돌아왔습니다. 붓을 던진 뒤로 10년 동안 매달렸던 연구에 마침표를 찍기 위해서였습니다.

나대용은 자료를 모으고, 설계도를 만들고, 직접 모형을 만들면서 점점 거북선에 다가가고 있었습니다. 그의 방에는 갖가지 구상을 적어 놓은 설계도가 덕지덕지 붙어 있었습니다. 오륜마을 나대용 생가에 그 설계도가 남아 있었다고 하는데 아쉽게도 불에 타 버렸습니다.

출세에도 관심 없어서 고향 마을에 돌아와 혼자 연구하고 실험만 했던 과학자 나대용. 친구들과 사귀는 일도 좋아하지 않은 채 아무도 없는 방죽과 집을 오가며 괴상망측한 배를 만들며 실험하던 괴짜 과학자. 그가 나라를 구할 거라고 생각한 사람은 아무도 없었습니다.

발상을 뒤집은 배

나대용은 스스로 자신의 별명을 시망(時望)이라 지었습니다. '때를 기다리는 사람'이란 뜻이지요. 그는 세상과 담을 쌓은 채 어떤 때를 기다린 것일까요? 바다의 무적이라 불릴, 어릴 적 꿈을 실은 배를 만들 '때'가 아니었을까요?

그때가 마침내 찾아왔습니다. 나대용의 생각을 어리석다고 조롱하지 않고, 무과 급제 후 변변히 출세도 못한 그를 무시하지 않고 오로지 그의 생각을 알아준 사람을 만난 것입니다. 이순신 장군입니다.

이순신은 나대용의 설계도를 보고 매우 흥미롭다는 듯 눈을 반짝였습니다. 나대용은 여태껏 자신의 말을 이렇게 진지하게 들어 주는 장수를 만난 적이 없었기 때문에 너무나 기뻤습니다.

사실 이순신은 전라좌수사로 부임한 후 줄곧 새로운 배에 대해 고민해 왔습니다. 전라좌수사란 전라도 왼쪽 바다를 지키는 수군의 최고 책임자를 말합니다. 당시 조선의 배는 크고 웅장한 판옥선 중심이어서 날래고 가벼우면서도 강한 배가 필요했습니다. 그런 배를 만들 사람을 기다리고 있던 터라 이순신은 무척 설레었습니다.

"예로부터 왜적들은 해적질을 하던 족속이라 배를 가까이 대고 우리 쪽 배로 건너와 칼을 휘두르며 싸우는 데 익숙합니다."

나대용은 아주 자신 있는 목소리로 말했습니다.

"그럼 이 배가 그런 접근전에 강하단 말이냐?"

"예, 확신합니다."

이순신은 설계도를 다시 한번 찬찬히 보았습니다. 나대용

거북선이 세계 최초의 철갑선?

세계적으로 권위 있는 브리태니커 백과사전은 거북선을 세계 최초의 철갑선으로 소개하고 있습니다. 하지만 이것은 일본의 기록에 따라 만든 것으로, 사실이 아닙니다. 일본은 임진왜란 당시 시커멓게 칠한 거북선을 보고 지레 겁을 먹고 철로 만들었다고 판단하고 기록했거든요.

역사적으로 인정받는 최초의 철갑선은 1859년에 프랑스에서 만들어진 '라글루아르'입니다. 목재로 만든 배 위에 철을 둘러 만든 배입니다. 철갑선이 탄생하려면 무거운 배를 움직일 힘을 가진 증기 기관이 발명되어야 했던 것입니다.

의 발상은 놀랍기도 하지만 매우 위험해 보이기도 했습니다. 해적질에 이골이 난 일본군들에게 접근전이라니……. 그러나 이순신은 10년 동안 치밀하게 연구한 나대용의 설계도가 가진 의미를 한눈에 알아차렸습니다.

그날부터 두 사람은 여러 날 같이 연구했습니다. 우리나라 배와 일본 배를 비교하면서, 더욱 강하고 날랜 배를 만들기 위해 서로의 지혜를 모았습니다.

"만일 덮개를 만들어 배 위를 덮으면 적들은 우리를 보지 못하지만 우리는 적들을 볼 수 있어서 대포로 깨뜨리고 불화살로 태워 버릴 수 있습니다. 어떠한 공격에도 끄떡없는 돌격선을 만들어 빠르게 접근하면 쉽게 무너질 것입니다."

"덮개를 덮는다? 오, 아주 훌륭한 발상이구나. 왜적들은 접근전에서 자신들이 강하다고 믿고 있으니 접근전에 강한 돌격선을 준비해 허를 찌르면 분명히 승산이 있을 것이다."

"일찍이 성종 임금 시절에 신숙주 대감께서 우리 배의 강점을 알아내셨습니다. 우리 배는 나무로 못을 만들어 씁니다. 그래서 쇠로 못을 만든 일본 배보다 훨씬 부드러워, 깊이의 변동이 심하고 물살의 변화가 많은 우리 바다에서 자유자재로 움직일 수 있다 하셨습니다."

"우리 바다에선 우리 배의 강점을 이용하자는 뜻이구나. 그런 돌격선이라면 천하무적이 될 것이 틀림없다."

이순신은 매우 기뻐하였습니다. 그리고 즉각 나대용에게 배를 만드는 최고 책임자 자리를 맡겼습니다.

비밀 병기가 탄생하다

전라남도 여수에는 바닷속의 바다처럼 작고 아늑한 굴강이 있습니다. 돌로 동그랗게 축대를 쌓아 멀리서 보면 작은 연못처럼 보이지만, 9미터 정도 되는 입구가 바다로 열려 있습니다. 밀물 때는 바닷물이 들어와 작은 물고기 떼가 한가로이 노닙니다. 이곳은 '선소'라고 불리는 곳으로, 오래전부터 배를 만들었던 곳입니다. 임진왜란을 코앞에 둔 조선 수군이 일본의 침입에 맞설 비밀 병기를 준비하던 곳이지요.

400여 년 전 이곳에선 밤낮없이 망치 소리가 들렸습니다. 나대용의 지휘 아래 '거북선'이 만들어지고 있었거든요. 이 굴강에서 만들어진 배의 이름은 '본영거북선'입니다. '전라좌수영에서 직접 만든 거북선'이란 뜻입니다. 나머지 2척도 만들어진 선소의 이름을 따서 '방답거북선', '순천거북선'이라고 불렀습니다.

사실 임진왜란에 대비해 만든 거북선은 이렇게 3척밖에 안 됩니다. 단 3척뿐인 거북선이 조선을 정복하겠다는 일본의 헛된 꿈을 단숨에 꺾어 버린 것이지요.

그런데 우리는 왜 거북선을 만든 사람을 이순신 한 사람

왜 거북 모양일까?

판옥선에 덮개를 덮어 거북 모양으로 만들고 검은색으로 칠한 이유가 무엇이었을까요? 동양의 전설에서 불사신으로 불리는 검은 거북(현무)을 본뜬 것입니다. 바다 위의 검은 거북이 대포를 쏘며 달려들면 일본군은 혼쭐이 났습니다. 반대로 우리 수군에겐 엄청난 힘이 되었습니다. 절대로 죽지 않는 불사의 동물이 우리 편이었으니까요. 승리를 알리는 신의 전령처럼 말입니다. 싸움배를 거북 모양으로 만든 이유는 바로 심리전을 펼치기 위해서였습니다.

선소를 지킨 돌장승

거북선을 만들었던 '선소'는 비밀 병기를 만드는 천연 요새였습니다. 해발 142미터 정도 되는 망마산이 주변을 둘러싸고 있어서 꼭대기에서 망을 보면 한눈에 선소 바깥 모습을 살필 수 있습니다. 또 바다 쪽으로는 사람 키만 한 바위가 서 있는데, 낮에는 배들을 묶어 두는 기둥이 되고 밤에는 해안을 경비하는 돌장승 노릇을 했습니다. 염탐하러 오던 배들은 돌장승을 보고 놀라서 달아나곤 했습니다.

으로 알고 있을까요? 거북선을 설계하고 제작한 사람은 나대용일까요, 이순신일까요?

조선의 법전인 《경국대전》에는 군사 제도와 무기, 배에 관한 규정을 담은 〈병전〉이 있습니다. 여기에 배와 무기를 만들고 관리하는 일을 정해 놨어요. 모든 재료는 세금으로 지원되기 때문에 관리가 최종 책임을 집니다. 그래서 거북선 발명자의 영예는 전라좌수영의 총책임자인 이순신에게 돌아갔습니다.

거북선은 하루아침에 뚝딱 만들 수 있는 배는 아닙니다. 나대용이 10년 연구 끝에 완성한 설계도대로 만들기 위해 목수와 대장장이를 직접 지휘하지 않고서는 만들어 낼 수 없는 첨단 비밀 병기였어요. 물론 거북선을 이용해서 일본의 코를

선소(전라남도 여수시)

납작하게 만든 전술이 있었기에 빛을 발한 것이기도 합니다. 그런 의미에서 거북선은 나대용의 과학 기술과 이순신의 전술이 합쳐진 걸작이라고 해야 옳을 것입니다.

돛을 높이 올리며 비로소 세상에 모습을 드러낸 거북선을 보며 이순신은 가슴이 벅찼습니다. 거북선의 완성을 기념하여 '지자총통'과 '현자총통'을 쏘아 올렸습니다. 거북선에 실린 지자총통과 현자총통은 무수히 많은 쇠구슬이나 4킬로그램이 넘는 묵직한 쇠구슬을 쏘아 적의 배를 깨뜨리는 대포입니다.

'펑펑' 대포 소리가 바다를 가르자 모든 사람들의 마음이 든든해졌습니다. 조선의 바다를 적으로부터 지켜 줄 수호신을 만난 것 같았지요.

그리고 정말 거짓말 같은 일이 일어났습니다. 바로 다음 날 임진왜란이 일어난 것입니다. 이순신 장군과 나대용 장군의 예측대로 마침내 거북선은 적진을 자유롭게 누비며 천하무적 이순신 함대를 이끌어 나갔습니다.

일본의 싸움배에는 왜 대포가 없었을까?

거북선은 쇠로 만든 배가 아닙니다. 만일 일본이 대포로 커다란 쇠공을 발사했다면 거북선은 부서졌을 겁니다. 그런데 그런 일은 일어나지 않았습니다. 일본 배는 대포를 설치하지 않았기 때문입니다. 대포 만드는 법을 모른 것도 아닌데 왜 일본 배엔 대포가 없었을까요?

일본은 삼나무로 배를 만들었습니다. 일본 배는 주로 해적선으로, 먼 바다로 나가 포위 공격을 하려면 가볍고 빠른 배가 필요했기 때문에 무거운 대포를 실을 수 없었습니다. 일본 배는 대부분 가까이 다가와서 화살과 조총을 쏘는 공격을 펼쳤으니 멀리서 펑펑 쏘는 대포 앞에 무릎 꿇은 것입니다.

거북선은 일본의 그런 전법을 알고 만들어진 것입니다. 일본 배와 화약 무기의 특징을 꿰뚫어 본 것이지요.

일본 수군의 대표 전투함이었던 안택선 모형(일본 나고야성박물관)

조선의 대포들

조선의 대포는 태종 때 처음으로 발명되었는데, 그 뒤 더욱 발전하였고 임진왜란 당시 제 몫을 톡톡히 했습니다. 흔히 총통이라 불렸는데, 크기에 따라 이름을 붙였습니다. 크기가 큰 순서에 따라 천자문 순으로 천자총통, 지자총통, 현자총통, 황자총통이라고 불렸습니다. 이런 무기가 이순신 장군의 손에 쥐어지는 순간 천하무적 함대가 되었습니다.

천자총통

지자총통

현자총통

황자총통
(모두 국립중앙박물관)

• 발포라는 포구에 있는 수군 주둔 지역의 임시 대장.

나대용을 알아준 두 사람

왜구에 맞서기 위해 우리나라에서 처음으로 수군을 만든 사람은 고려 때 정지 장군으로, 나대용처럼 전라남도 나주 출신입니다. 나주는 서해와 남해로 이어진 가장 중요한 길목이지요. 그러니까 나주에서 태어난 나대용은 배를 만드는 운명을 타고난 것인지도 몰라요.

나대용은 숨은 과학자이기도 하지만 용맹한 장군으로도 이름을 남겼습니다. 임진왜란이 일어난 후 이순신 장군의 두터운 신임 아래 첫 출전한 옥포해전에서 발포 가장•으로서 적선 2척을 깨뜨렸습니다. 그 뒤로 여덟 번 싸워 여덟 번 이기고, 적선을 총 81척이나 깨뜨렸습니다. 뿐만 아니라 나대용은 전략에도 능했습니다. 일본군의 후방을 기습하여 병사 한 명을 사로잡은 뒤 적에 대한 정보를 샅샅이 얻어 냈지요. 정보전에서 이순신 함대가 앞설 수 있게 한 것입니다.

나대용 장군의 용맹함을 보여 주는 또 다른 이야기가 있습니다. 이순신 함대의 두 번째 전투인 사천해전에서였습니다. 나대용은 적의 총탄을 맞았으나 끝까지 내색하지 않고 싸움에 임했습니다. 그는 전투가 끝난 후에야 칼로 살을 찢어 박힌 총알을 빼냈다고 합니다. 그래서 이순신 장군도 "몸을 돌보지 않고 죽을힘을 다해 싸웠으니 그 공이 가장 으뜸이다."

라고 칭찬했습니다.

만일 이순신 장군이 나대용의 진가를 몰라주었다면 어떻게 되었을까요? 무과 급제 후 8년 동안 진급도 못 한 별 볼 일 없는 군인이라고 한심한 일이나 시켰다면 거북선은 세상에 태어나지 않았을 것입니다. 하급 무관 나대용은 그를 알아주는 단 한 사람을 만나 평생의 꿈을 이루었던 것입니다.

평생 벗 하나 없던 그를 알아준 사람은 이순신 장군과 사촌 동생 나치용뿐이었습니다. 안타깝게도 두 사람은 같은 날 세상을 떠납니다. 마지막 노량해전 때 두 사람은 적의 총탄에 쓰러졌고, 영원히 일어나지 못했습니다.

"위로는 어진 장수를 잃고, 아래로는 미덥던 동생이 가 버렸구나."

나대용의 비통한 외침이 차가운 바다 위로 메아리쳤습니다. 평생 그를 알아준 두 사람을 한꺼번에 잃고 나서야 전쟁은 끝이 났습니다.

전쟁이 끝난 뒤에도 나대용의 연구는 계속되었습니다. 쾌속선이라고 할 수 있는 해추선과 좁은 바다에서 싸우기 좋은 창선을 제작하는 등 새로운 배를 연구하는 일을 게을리하지 않았습니다. 여러 공을 인정받은 나대용은 경기 수사*로 임명되었지만 부임하지 못하였습니다. 1612년 1월 29일 세상을 떠났기 때문입니다. 그를 죽음에 이르게 한 병은 사천해전 때 맞았던 총알의 독 때문이었다고 합니다. 그의 나이 쉰여섯이었고, 시신은 고향에 묻혔습니다.

조총도 뚫지 못한 거북선의 비결

"이순신 진중의 정운이라는 사람이 조총에 맞아 죽었는데 참나무 방패 3개를 관통하고도 쌀 2섬을 또 뚫고 지나 정운의 몸을 관통한 다음 화물칸으로 들어갔다고 하였습니다."

임진왜란 당시 일본 조총의 위력을 말해 주는 기록입니다. 이렇게 무시무시한 위력을 가진 일본 조총이 나무로 만든 거북선을 왜 뚫지 못했을까요?

거북선은 12센티미터 두께의 소나무로 기본 틀을 만들고 외벽에 다른 나무를 덧붙였습니다. 외벽에는 녹나무가 쓰였을 것으로 추측됩니다. 조선 시대의 기록을 보면 배를 만드는 나무라서 베지 못하게 한 것이 두 종류 있는데, 하나는 소나무, 다른 하나는 녹나무입니다. 녹나무는 가볍지만 단단하고 잘 썩지 않아 거북선의 외판으로 적격이었습니다.

• 수군절도사, 즉 수군사령관.

거북선에 숨겨진 비밀

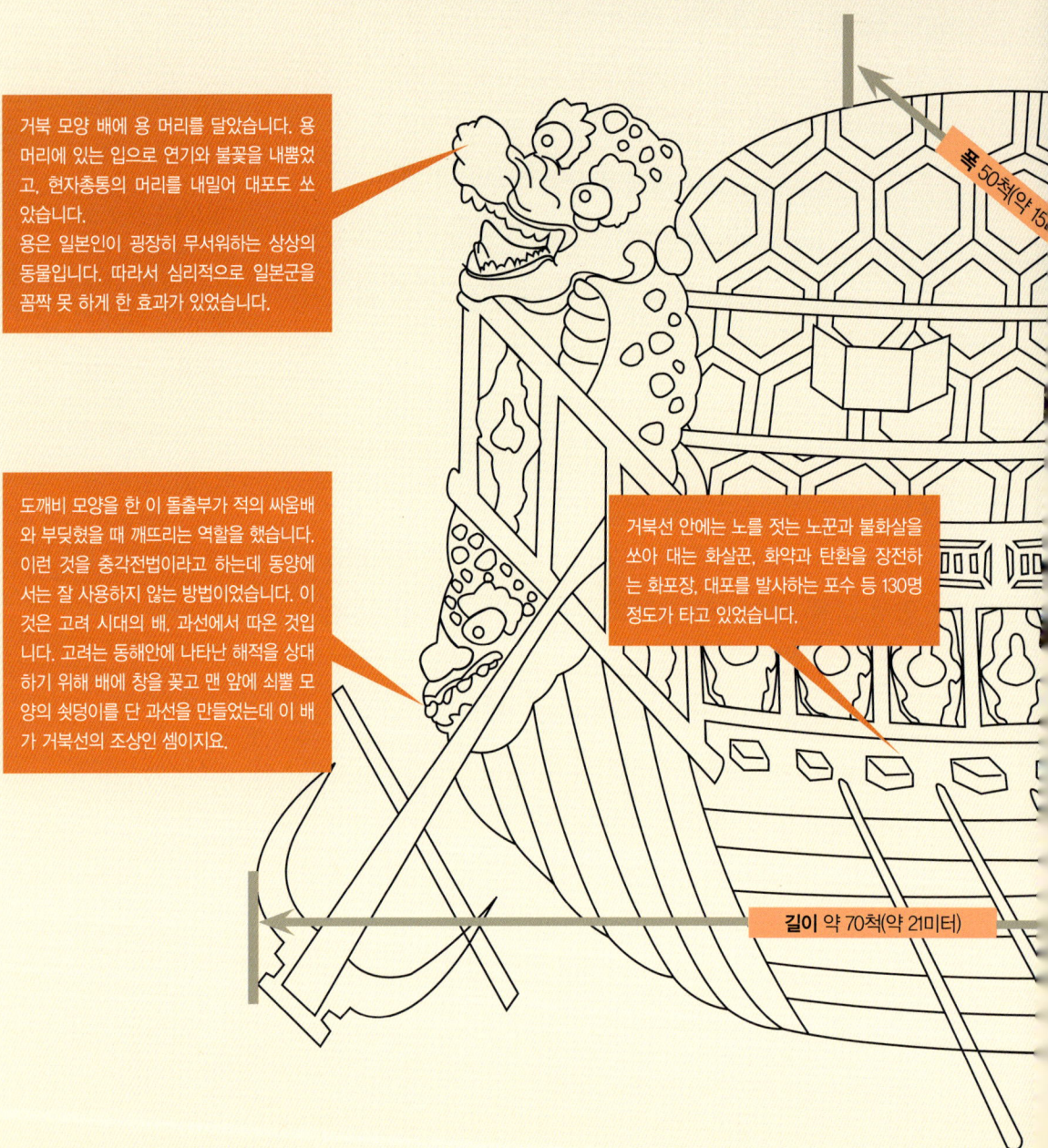

거북 모양 배에 용 머리를 달았습니다. 용 머리에 있는 입으로 연기와 불꽃을 내뿜었고, 현자총통의 머리를 내밀어 대포도 쏘았습니다.
용은 일본인이 굉장히 무서워하는 상상의 동물입니다. 따라서 심리적으로 일본군을 꼼짝 못 하게 한 효과가 있었습니다.

도깨비 모양을 한 이 돌출부가 적의 싸움배와 부딪혔을 때 깨뜨리는 역할을 했습니다. 이런 것을 충각전법이라고 하는데 동양에서는 잘 사용하지 않는 방법이었습니다. 이것은 고려 시대의 배, 과선에서 따온 것입니다. 고려는 동해안에 나타난 해적을 상대하기 위해 배에 창을 꽂고 맨 앞에 쇠뿔 모양의 쇳덩이를 단 과선을 만들었는데 이 배가 거북선의 조상인 셈이지요.

거북선 안에는 노를 젓는 노꾼과 불화살을 쏘아 대는 화살꾼, 화약과 탄환을 장전하는 화포장, 대포를 발사하는 포수 등 130명 정도가 타고 있었습니다.

폭 50척(약 15m)

길이 약 70척(약 21미터)

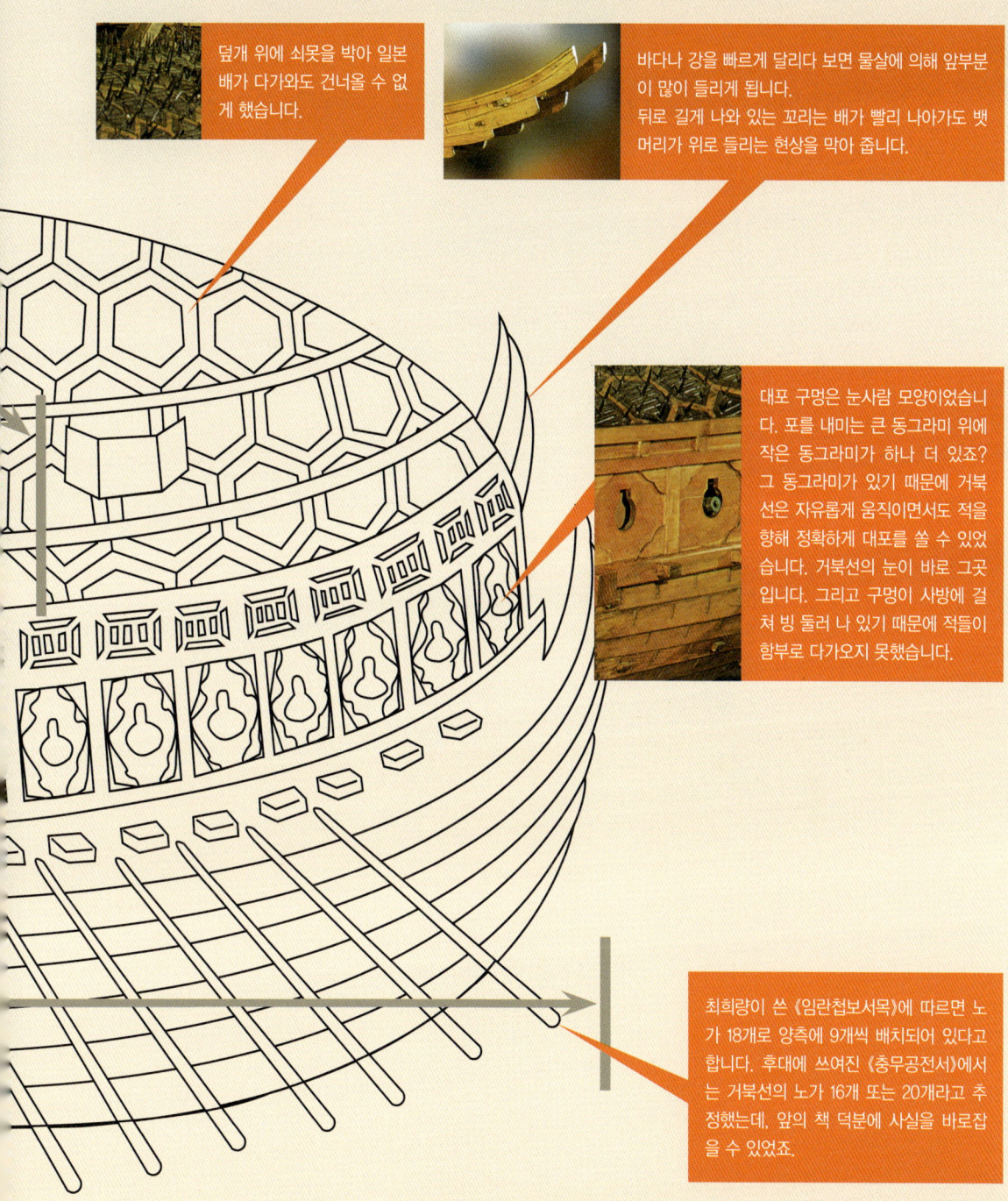

덮개 위에 쇠못을 박아 일본 배가 다가와도 건너올 수 없게 했습니다.

바다나 강을 빠르게 달리다 보면 물살에 의해 앞부분이 많이 들리게 됩니다.
뒤로 길게 나와 있는 꼬리는 배가 빨리 나아가도 뱃머리가 위로 들리는 현상을 막아 줍니다.

대포 구멍은 눈사람 모양이었습니다. 포를 내미는 큰 동그라미 위에 작은 동그라미가 하나 더 있죠? 그 동그라미가 있기 때문에 거북선은 자유롭게 움직이면서도 적을 향해 정확하게 대포를 쏠 수 있었습니다. 거북선의 눈이 바로 그곳입니다. 그리고 구멍이 사방에 걸쳐 빙 둘러 나 있기 때문에 적들이 함부로 다가오지 못했습니다.

최희량이 쓴 《임란첩보서목》에 따르면 노가 18개로 양측에 9개씩 배치되어 있다고 합니다. 후대에 쓰여진 《충무공전서》에서는 거북선의 노가 16개 또는 20개라고 추정했는데, 앞의 책 덕분에 사실을 바로잡을 수 있었죠.

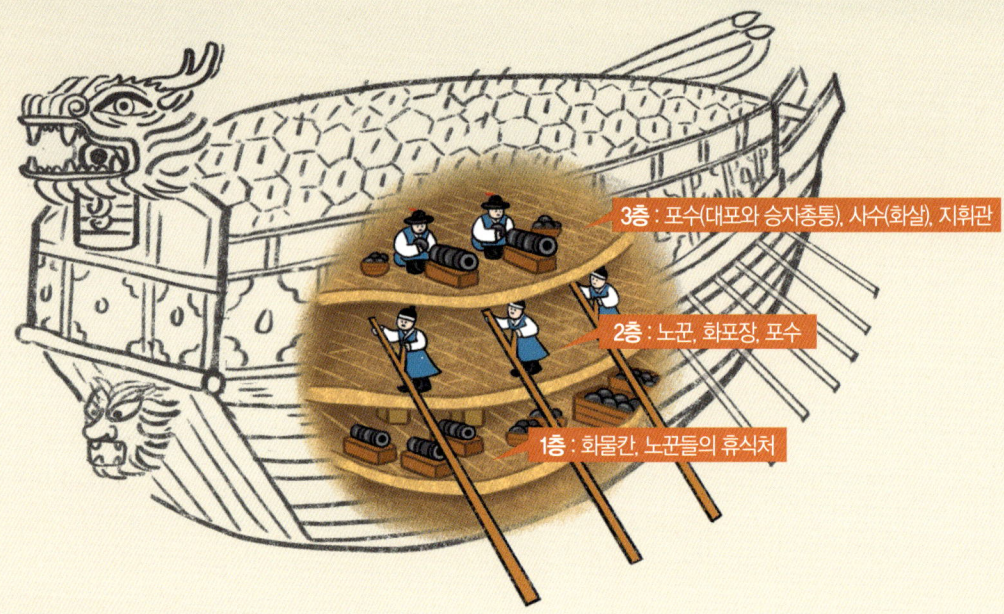

3층 : 포수(대포와 승자총통), 사수(화살), 지휘관
2층 : 노꾼, 화포장, 포수
1층 : 화물칸, 노꾼들의 휴식처

거북선 내부는 3층

지금까지 거북선은 2층으로 생각해 왔지만 최근 많은 연구를 통해 3층이라는 것이 밝혀지고 있습니다. 만일 2층이라면 130명에 이르는 사람들이 뒤엉켜 있어야 했어요. 하지만 3층이 되면 맨 위층에도 사람들이 나눠지기 때문에 훨씬 움직임이 편리합니다. 그리고 판옥선보다 화력이 더 세고 일본 배와 가까이 붙어서 전투할 때도 능률이 높습니다.

기록화를 보면 전라좌수영 거북선의 지붕에는 창문이, 통제영 거북선의 지붕에는 구멍이 일렬로 이어져 있는데, 이것이 바로 3층의 창과 총구를 나타낸 것입니다.

전라좌수영 거북선

통제영 거북선

거북선의 발전

임진왜란 당시 만들어진 거북선은 3척뿐입니다. 하지만 국토 방위에 대한 관심이 커지고 밀수선들이 출몰하기 시작한 숙종 때부터는 거북선을 많이 만들기 시작했습니다. 그래서 정조 때는 무려 40척이나 있었다고 합니다. 1795년 정조의 명령으로 만들어진 이순신 장군의 일대기 《이충무공전서》에는 2개의 거북선 그림이 있는데, 바로 〈전라좌수영 거북선〉과 〈통제영 거북선〉입니다. 둘은 겉모습만 다른 것이 아닙니다. 측면의 총구가 6개에서 12개로 두 배가 되었고 노는 8개에서 10개로 늘어났습니다. 통제영 거북선은 《이충무공전서》가 만들어질 당시의 거북선으로 여겨집니다. 이때는 우리나라도 조총을 사용했으므로 활과 총통만 있었던 임진왜란 때 거북선과는 분명히 달랐을 것입니다.

02 조선 최고의 해전 전문가
정걸

- 꾀돌이 발명왕
- 바다의 황제 판옥선
- 서른 살이나 많은 부하
- 일본을 떨게 한 백색 공포

꾀돌이 발명왕

놀라운 과학 기술로 만들어 낸 거북선이 바다를 누비며 눈부시게 활약했다고 하지만 단 3척뿐이었습니다. 그렇다면 거북선 말고 적과 맞서 싸운 배는 어떤 배들이었을까요? 바로 '판옥선'이었습니다. 판옥선을 만든 사람은 정걸 장군입니다.

1555년 명종 10년, 임진왜란이 일어나기 37년 전입니다. 남해안 일대에 왜구들이 나타나 노략질을 일삼았습니다. 이 해가 을묘년이라서 을묘왜변이라고 합니다. 수많은 백성들과 장수들이 목숨을 잃었고, 왜구들이 훑고 지나간 마을은 폐허가 되었습니다.

을묘왜변이 일어나자 정걸 장군은 남도포*의 수군을 지휘하는 만호**로서 형 정준과 함께 일본군을 물리치는 데 앞장섰습니다. 판옥선을 만든 것은 바로 그 시절이었습니다.

'저렇게 빠른 왜구들의 배를 무슨 수로 때려잡지?'

정걸은 노략질을 끝내고 유유히 사라지는 왜구들의 배를 바라보며 크게 한숨을 내쉬었습니다. 바닷가 포구 높은 곳에 대포가 있었지만 아무 소용이 없었습니다. 대포가 멀리 있는 배까지 닿지 않으니, 그저 발만 동동 구를 뿐이었습니다.

'에잇! 이 대포를 움직일 수만 있다면…….'

화가 치민 정걸이 대포를 발로 걷어차려는 순간, 머릿속에

* 지금의 진도.
** 조선 시대 종4품의 무관 벼슬.

번쩍 떠오르는 게 있었습니다.

'그래, 바로 그거야. 배 위에서 대포를 쏠 수 있게 만들면 되잖아!'

정걸은 당장 자신의 생각을 실행에 옮기기로 마음먹고 그 길로 관리를 찾아갔습니다.

"뭐? 대포를 배에 싣고 다닌다고?"

정걸의 얘기를 듣고 난 관리는 어이없다는 표정을 지었습니다. 평소 꾀가 많은 정걸은 요모조모 기발한 생각을 많이 가지고 있었습니다. 그렇다고 해도 이번만큼은 너무나 엉뚱한 생각이라 그의 말을 귀담아들으려고 하지 않았습니다.

사실 관리의 판단이 틀린 것은 아니었습니다. 그때까지 우리나라에는 '맹선'이라는 작은 싸움배가 있었는데, 말이 싸움배지 짐 싣는 배를 조금 크게 만든 것뿐이라 무거운 대포를 싣기가 어려웠습니다. 대포는 한 번 쏘고 난 뒤 다음 발사까지 시간이 걸리거든요. 맹선은 배의 높이가 낮아서 이때 왜구들이 빠르게 포위해 개미 떼처럼 기어올라 오면 소용없었어요.

하지만 정걸은 조금도 물러서지 않았습니다.

"우리가 내세울 무기는 대포인데, 대포를 포구에 놓아서는 빠른 배를 타고 다니는 왜구를 물리칠 수 없습니다. 대포를 잔뜩 실을 수 있는 새로운 배가 필요합니다. 대포를 설치할 수 있는 높고 큰 배요!"

정걸은 끈질기게 설명했습니다. 그러자 처음엔 들은 체도 하지 않던 관리의 귀가 점점 크게 열렸습니다.

"그렇다면 배를 2층으로라도 만들자는 말인가?"

"네. 2층이면 시야가 넓어져서 명중률도 높아집니다."

"배가 크니까 대포도 많이 설치할 수 있고, 2층이라 왜구들이 들러붙어 올라올 염려도 없겠군. 꿩 먹고 알 먹기일세."

관리도 정걸도 신이 났습니다. 두 사람은 즉시 자신들의 생각을 더 높은 관리에게 알렸고, 다시 더 높은 관리를 거쳐 마침내 임금인 명종에게 알려졌습니다. 새로운 생각을 담은 배는 이렇게 해서 만들어지기 시작했습니다.

1555년 9월 16일. 명종은 조정 대신을 여럿 거느리고 한강이 바라다보이는 망원정이라는 정자 위에 올랐습니다. 새로 만들었다는 배를 직접 보기 위해서였습니다.

배는 한강을 따라 서서히 올라오고 있었습니다. 커다란 성처럼 웅장한 배였습니다. 갑판 위에는 대포가 빼곡하게 놓여 있었습니다. 임금은 물론 한강 나루에 몰려든 구경꾼들도 손뼉을 치며 소리를 질렀습니다. 이제 이 배로 남해안 일대를 들쑤셨던 지긋지긋한 왜구들을 물리칠 수 있으리라 믿었습니다.

이 배가 바로 판옥선입니다. 판옥선이란 사방에 판자를 둘렀다 하여 '판(板)', 2층짜리 배, 다시 말해 옥상이 있다 해서 '옥(屋)', 그리고 배를 의미하는 '선(船)' 자가 합쳐진 이름입니다. 판옥선은 이름만큼 크고 우람했습니다.

이리하여 무관 정걸은 판옥선을 만든 사람으로 세상에 알려지게 되었습니다. 그는 여기서 그치지 않고 대총통*, 철익전**, 불화살 등 여러 가지 무기도 발명해 냈습니다.

재치와 지혜가 넘치는 꾀돌이 발명왕 정걸. 그는 장수로도 맹활약했습니다. 나라에서는 그의 공로를 인정하여 을묘왜변이 끝난 뒤 여러 관직을 내렸습니다. 정걸은 경상도와 전라도의 최고 사령관인 경상우수사, 전라좌수사, 전라병사, 경상병사*** 등을 두루 거치면서 남쪽 지방에서 이름을 크게 날렸습니다. 무엇보다 판옥선과 정걸 장군의 가치가 제대로 빛을 발한 것은 임진왜란이 일어난 뒤였습니다.

* 성곽용 대포.
** 쇠화살촉을 가진 화살.

*** 수사는 바다를 책임지는 최고 사령관으로 수군절도사라고도 했습니다. 병사는 육지를 책임지는 최고 사령관으로 병마절도사라고도 했습니다.

바다의 황제 판옥선

　임진왜란이 일어나자 판옥선은 조선의 희망으로 떠올랐습니다. 빠르지만 부서지기 쉬운 일본 배는 판옥선과 맞서면 호랑이 앞의 쥐였습니다. 일본은 판옥선을 얕잡아 보고 대적할 배를 만들지 않았습니다. 그 결과 판옥선은 거대한 성곽처럼 우뚝 서서 차례로 일본 배를 향해 대포를 쏘았고, 약한 일본 배는 꼼짝없이 깨져 나갔습니다.

　판옥선이 나온 후 조선의 바다는 아무도 넘볼 수 없게 되었으니, 판옥선은 '바다의 황제'라 할 만했습니다. 수백 척을 몰고 기세 좋게 쳐들어왔던 일본도 해전에서만큼은 물러날 수밖에 없었습니다. 임진왜란의 영웅 이순신과 판옥선이 버티고 있었기 때문입니다.

　그런데, 이렇게 공이 큰 판옥선이 어째서 거북선만큼 알려지지 않았을까요? 거북선이 세계에 알려진 것은 일본 때문입니다. 거북선에 당한 충격이 너무 컸던 일본은 거북선이 아주 대단한 배라고 호들갑을 떨었습니다. 임진왜란에서 패배한 것은 자신들의 힘이 부족해서가 아니라 놀랄 만한 싸움배 거북선 때문이라고 말입니다.

　그래서 세계 사람들은 조선 사람들이 만든 거북선을 아주 특별한 배라고 생각하게 되었습니다. 거북선은 사실 판옥선을 바탕으로 만들었답니다. 판옥선이 없었다면 거북선도 없었을 것입니다.

그렇다고 해서 거북선이 별 볼일 없는 배라고 생각하면 큰 오해입니다. 거북선이 있었기 때문에 벌떼처럼 몰려드는 일본군들을 작은 손실로 크게 이길 수 있었으니까요. 이처럼 판옥선과 거북선은 서로를 꼭 필요로 했습니다. 판옥선 없는 거북선이나 거북선 없이 판옥선만 있는 이순신 함대는 상상하기조차 어려웠습니다.

판옥선이 이토록 놀라운 활약을 벌이는 동안 정걸 장군은 어디에 있었을까요?

판옥선의 놀라운 전투력

판옥선 한 척의 전투력은 커다란 일본 전투함의 7.9배에 이르렀다고 합니다. 작은 싸움배와 비교하면 무려 16.1배까지 차이가 났다고 해요.

전 세계적으로도 판옥선은 앞선 방식의 전투함이었습니다. 전에는 배와 배가 부딪쳐 기어올라 싸우는 전투 방식이었지만, 화포가 등장한 이후 멀리서 포를 쏘는 방식으로 바뀌고 있었어요. 명종 때 판옥선이 처음 등장해서 왜구를 섬멸했던 것도 바로 이런 방식 덕분이었습니다. 판옥선은 새로운 시대에 맞는 전투함이었지요. 일본군은 땅 위에서는 조선군의 활보다 우수한 조총을 이용했지만 바다에서는 과거 방식에 머물러 있었어요. 임진왜란이 끝날 때까지도 일본의 전함은 화포 중심으로 바뀌지 않았습니다. 그러니 판옥선에 당할 수밖에 없었지요. 물론 판옥선을 바탕으로 만든 거북선의 위력은 더 대단해서, 한 영국 학자는 당시 거북선의 화력이 일본이 가지고 있던 포와 소총보다 40배나 높았다고 평가하기도 합니다.

판옥선도(서울대학교 규장각)

왜구들의 노략질은 1570년대를 지나면서 잦아들기 시작했습니다. 일본은 혼란했던 전국 시대가 끝나 가던 그때부터 해적선이 함부로 바다로 나가지 못하게 단속했거든요. 대신 북방의 여진족이 국경을 들락거리기 시작했습니다. 자연히 북방에서 여진족을 무찌른 신립, 이일, 이억기 같은 젊은 장수들이 이름을 날렸습니다. 임진왜란 직전까지, 바다의 영웅 정걸은 한물간 장수로 잊혀지고 있었습니다.

서른 살이나 많은 부하

임진왜란이 일어나기 몇 달 전이었습니다. 여수에 있는 전라좌수영 안의 진해루에서 백발 장군 정걸이 탁자 위에 있는 배의 설계도를 보고 있었습니다. 그와 마주 앉은 장수는 새로 온 전라좌수사 이순신이었습니다.

"덮개를 덮고, 그 위에다 쇠꼬챙이를 꽂는단 말이지요?"

"예, 배의 이름은 거북선이라고 할 것입니다."

맞은편에 앉은 이순신이 진지한 얼굴로 대답했습니다.

"훌륭합니다. 이렇게 하면 제아무리 날쌘 왜적들이라도 배 위로 올라올 엄두를 못 낼 것입니다."

정걸 장군이 고개를 끄덕이며 감탄했습니다. 그러자 이순신이 아주 정중히 말했습니다.

"장군께서 만드신 판옥선을 더욱 발전시킨 돌격선입니다."

그 말을 듣고 정걸 장군은 매우 기분이 좋았습니다. 이렇게 하여 여든을 넘긴 백발의 정걸 장군은 까마득한 후배인 이순신의 부하가 되었습니다. 정걸 장군 역시 이순신의 수많은 부하 중의 하나인데 그게 뭐 대단한 얘기냐고 생각할 수도 있지만, 사실은 그렇지 않습니다.

전라좌수사로 막 부임한 이순신은 이름 없는 장수였습니다. 수군 경험이라곤 10년 전 발포 만호로 1년 반 있었던 게 고작인 데다 특별한 공을 세운 것도 아니었고, 그마저도 파직을 당했습니다. 비록 억울하게 당하긴 했지만요.

가뜩이나 왜구가 쳐들어온다는 소문으로 나라 안팎이 어수선한 때에 전라좌수영의 최고 책임자로 그런 사람이 부임해 오자 사람들이 모두 한마디씩 했습니다.

"이순신이라는 사람이 전라좌수사가 됐다고?"

"그렇대. 그동안 벼슬도 별 볼일 없었고, 툭하면 쫓겨났던 관리라는군."

이순신이 정걸 장군을 부른 것은 이렇듯 백성들이 불안한 눈으로 자신을 바라보던 때였습니다.

이순신은 정걸 장군을 보자마자 이렇게 부탁했습니다.

"부족한 게 많은 사람입니다. 그러니 장군께서 저를 꼭 도와주셨으면 합니다."

자신의 '조방장'이 되어 달라는 부탁이었습니다. 조방장이란 이순신의 손발이 되어 모든 일을 함께 의논하는 역할이었습니다. 그러니까 서른 살이나 많은 어르신께 자신의 부하 장수가 되어 달라고 부탁한 것입니다.

비록 한물간 장수 취급을 받았으나, 무관으로서 오를 수 있는 모든 자리를 거쳐 온 정걸 장군이었습니다. 그런데 이순신을 윗사람으로 모셔야 한다는 것은 결코 쉬운 일이 아니었습니다. 엄격한 유교 사회였던 조선에서는 나이가 많고 적음을 매우 중요하게 생각했습니다. 한두 살 차이도 아니고 무려 서른 살이었습니다.

하지만 정걸 또한 평범한 장수가 아니었기에 이순신의 부탁을 매우 흥미롭게 생각했습니다.

'나에게 그런 제안을 할 수 있는 사람이라면 분명 남다른 사람이다.'

정걸은 보기 좋게 자란 흰 수염을 쓰다듬으며 흔쾌히 받아들였습니다. 영웅은 영웅을 알아보는 법이라고 했습니다. 정걸은 이순신이 이제까지 만났던 장수들과 다르다는 사실을 한눈에 꿰뚫어 보았습니다. 꼭 필요하다면 선배 장수에게도 과감히 부하가 되어 달라고 부탁할 줄 아는 이순신이야말로 진정한 장수요, 합리적인 지도자라고 생각한 것입니다.

정걸은 남쪽 지역에서는 오랫동안 존경받은 명장이었습니다. 이순신이 이 뛰어난 해전 전문가를 얻는 순간 사람들은 의심을 거두었습니다.

'천하의 정걸 장군이 윗분으로 모시는 걸 보면 진짜 대단한 사람이 틀림없어.'

사람들은 생각했습니다. 이순신은 정걸 장군과 백성들의 마음을 한꺼번에 얻은 것입니다.

이순신에 대한 믿음이 깊어진 정걸은 기꺼이 모든 걸 다 바쳐 돕기로 마음먹었습니다. 그리고 바로 그날부터 백발을 휘날리며 이순신의 곁을 지켰습니다.

일본을 떨게 한 백색 공포

정걸 장군 영정(고흥 안동사)

이윽고 임진왜란이 벌어졌습니다.

정걸 장군은 일본군과 싸우러 경상도 앞바다로 출전한 이순신 장군을 대신하여 전라좌수영에 속한 포구와 마을을 돌보며 백성들을 안심시켰습니다. 전쟁 때문에 겁에 질린 백성들에게 정걸 장군은 큰 힘이 되었습니다.

이렇게 백성들이 안정을 찾았기 때문에 이순신 장군은 오직 일본군을 물리치는 데만 힘을 쏟을 수 있었습니다.

그 힘을 바탕으로 이순신 함대는 한산해전에서 크게 이겼습니다. 승리의 기쁨이 채 가라앉기도 전에 이순신은 정걸 장군을 찾았습니다. 일본을 완전히 궁지로 몰아넣을 좋은 꾀를 궁리하다가 정걸 장군이 떠오른 것입니다.

"적들의 기세가 크게 꺾였습니다. 이 기세를 몰아 다시는 남해 바다에 얼씬도 못하게 할 비책이 필요합니다. 혹시 좋은 생각이 있습니까?"

"제일 좋은 방법은 적의 소굴에 쳐들어가 놈들을 박살내 버리는 겁니다. 그러면 겁이 나서 다시는 배를 끌고 나와 어슬렁거리지 못할 겁니다. 이제 자기들 안방까지 밀렸다고 생각하면 사기가 꺾여 더 이상 활개 치지 못할 테죠."

정걸 장군은 기다렸다는 듯이 대답했습니다. 그는 일본군의 소굴을 어떻게 쳐들어가야 할지 알고 있는 유일한 장수였고, 또 자신감이 넘쳤습니다.

이순신 장군은 부드럽게 미소를 지으며 말했습니다.

"이번에는 조방장께서 직접 작전을 세워 출전하시면 어떨까요?"

정걸 장군은 매우 기뻤습니다. 그는 혼신의 노력을 다해 작전을 세우고, 군사들을 강하게 훈련시켰습니다. 조선 수군의 힘과 혼으로 일본군의 사기를 꺾어야 하는 전투였기 때문에 훈련은 더할 나위 없이 고되고 힘했습니다. 하지만 누구도 불평 한마디 하지 않았습니다. 그들 앞에는 백발을 휘날리는 노장이 투혼을 불사르고 있었기 때문입니다.

한산대첩이 끝난 지 두달 후인 1592년 9월 1일에 조선 수군은 부산 앞바다를 향해 돛을 폈습니다. 그곳에는 일본의 싸움배 470여 척이 머물고 있었습니다. 기세등등한 조선 수군은 순식간에 부산 앞바다에 들이닥쳤습니다. 그러고는 긴 뱀 꼬리 모양으로 늘어서서 일본군을 향해 대포와 불화살을 쏘았습니다.

일본군은 조선 수군의 기세에 눌려 줄행랑을 놓았고, 128척이나 되는 배를 잃었습니다. '부산포해전'이라 불리는 이 싸움에서 조선 수군은 대담하게 적진 깊숙이 들어가 대포를 쏘았습니다. 작전은 대성공이었습니다. 그날 이후 일본군은 더 이상 조선 수군에게 덤벼들지 못했고, 우리 수군의 그림자만 비쳐도 꽁무니를 뺐습니다.

정걸 장군은 이 싸움으로 옛 명성을 되찾았고, 공로를 인정받아 다시 충청수사로 임명되었습니다.

충청수사로 부임한 뒤에도 정걸 장군의 활약은 계속되었습니다. 임진왜란이 일어난 이듬해인 1593년 2월 12일, 3만 명의 일본군이 행주산성을 몇 겹으로 포위하며 공격해 왔습니다. 산성 안에서는 권율의 부대, 의병장 김천일과 승병장 처영의 부대를 합쳐 고작 3,000명 남짓의 병사들이 방어하고 있었

습니다.

행주산성은 한양*에서 아주 가까운 곳에 있습니다. 한양은 이미 오래전에 일본군의 손에 넘어간 상황이었습니다. 만일 권율을 비롯한 조선군과 백성들이 행주산성을 지키고 일본군을 무찌른다면 한양을 되찾을 수 있으니, 참으로 중요한 전투였습니다. 모두가 목숨을 내놓고 싸우는 중이었습니다.

과학 기술을 이용해 치밀하게 준비했지만 적군의 수가 너무 많았습니다. 꼬박 하루 넘게 전투가 계속된 통에 화살도 얼마 남지 않았습니다.

치열한 싸움으로 3만 명에 이르는 일본군도 거의 쓰러졌지만 포기하지는 않았습니다. 그들은 산성 안에 화살이 남아 있지 않다고 판단했습니다. 드디어 일본군이 때를 놓치지 않고 무기도, 양식도 바닥난 행주산성 안으로 돌진하려는 순간이었습니다. 판옥선 한 척이 한강을 유유히 가로질러 행주산성 아래로 다가왔습니다.

배 안에는 수만 개의 화살이 실려 있었고, 갑판 위에는 한 늙은 장수가 백발을 날리며 서 있었습니다. 바로 충청수사 정걸이었습니다.

그는 급히 화살을 구해 서해를 따라 한강으로 한달음에 달려온 것입니다. 정걸 장군의 대포 소리에 놀란 일본군은 정신없이 달아났습니다. 한강을 손에 넣는다는 것은 한양을 손에 넣는 일이었습니다.

이것이 그 유명한 행주대첩입니다. 행주대첩에서 패한 일

권율 장군의 지혜

권율 장군은 전투 중에 여러 가지 기발한 것들을 많이 만들었습니다.
수차석포(水車石砲)라는 특수 무기를 만들었는데, 이것은 물레방아처럼 빙글빙글 돌면서 돌을 발사하는 자동 투석기입니다. 또 주요 무기가 조총이었던 일본군을 무력화하기 위해 진흙으로 둑을 쌓아 방탄벽 구실을 하도록 했습니다. 뿐만 아니라 군사들에게 주머니 속에 잿가루를 담아 가지고 다니도록 했는데, 이는 적군이 다가오면 눈에 뿌려 눈을 멀게 하기 위해서였다고 합니다.

* 지금의 서울.

행주대첩에서 맹활약한 신무기, 화차

일본군은 빠른 기동력만 내세웠기 때문에 칼과 조총에 의존했고 대포가 없었습니다. 조선에도 개인용 화약 무기인 승자총통이 있었지만 무겁고 다루기 힘들어서 조총을 당할 수가 없었습니다. 전쟁 중에 전라도 지역에 남겨진 군량미와 무기를 모으러 다니던 문신 변이중은 무기 창고에 쌓인 승자총통을 이용해서 조총에 맞설 생각을 했습니다. 철판을 두른 수레 위에 남겨진 승자총통을 모아서 불만 붙이도록 고안했는데 이것이 화차입니다. 변이중의 호를 따서 망암화차라고도 부릅니다. 여기에 무려 40개의 승자총통을 설치해서 600발의 총알을 날려 보낼 수 있었습니다. 이런 화차의 힘으로 행주산성을 지켜 냈습니다.

본군은 한양을 버리고 남쪽으로 달아났고, 조선군은 자신들의 심장, 한양을 되찾을 수 있었습니다. 정걸 장군의 재치가 또 한 번 힘을 발휘한 순간이었습니다. 이날 이후 일본군은 백색 공포에 시달렸습니다. 백발 장군 정걸의 이름만 들어도 벌벌 떨었다고 합니다.

나이를 잊고 자신을 필요로 하는 곳이라면 어디든지 달려갔던 장군을 후세 사람들은 지금껏 존경하고 있습니다. 판옥선을 만든 지 약 200년 뒤에 문신 이이장이 판옥선을 쓰기 어렵다며 폐기하자고 건의한 적이 있습니다. 그러자 정부 관리들은 '명장 정걸이 창제한 것이라 폐할 수 없다'고 하였다 합니다. 이렇게 명장 정걸의 이름은 계속 사람들 마음속에 남아 있었습니다.

망암화차 모형(고양시 행주산성)

03 물길 연구에 바친 삶
어영담

- 바다에 미친 사람
- 물귀신의 눈을 얻다
- 임금도 인정한 물길 전문가
- 어영담과 31인의 특공대

바다에 미친 사람

바닷가 포구에 얼굴이 새까맣게 그을린 무관 한 명이 배를 대고 있었어요. 꽤 오랫동안 바다를 돌아다녔는지 초췌해 보였습니다. 병졸 한 명이 얼른 달려와 반갑게 맞이했습니다.

"이번엔 어디를 다녀오십니까?"

"경상도 앞바다까지 가서 물길이 어찌 흐르는지 보고 왔다."

"또 물길을 보러 가신 겁니까? 대체 나리는 시간만 나면 바다에 나가는데 바다에서 떡이 나옵니까, 밥이 나옵니까?"

"난 바다가 좋다. 그뿐이다."

"그런데 어쩌면 좋습니까? 이제 나리께서는 바닷가를 떠나셔야 하는데……."

포구에 도착한 무관에게는 기쁜 소식이 기다리고 있었습니다. 벼슬자리가 더 높아진 것입니다. 하지만 웬일인지 소식을 전하는 병졸도, 그 무관도 기뻐하지 않았습니다. 바닷가 마을을 떠나야 했기 때문입니다.

결국 이번에도 그 무관은 출셋길을 포기했습니다. 벌써 이런 일이 몇 차례 있었습니다.

무관이 좋은 벼슬자리도 마다하고 이렇게 바닷가 마을을 떠나지 못하는 이유는 이루지 못한 꿈 때문이었습니다.

무관의 발길을 잡아끈 그 꿈이란 도대체 무엇이었을까요? 그리고 조선 시대 무관이라면 누구나 꿈꾸는 출셋길을 마다한 이유는 무엇이었을까요?

  그 무관의 이름은 어영담입니다. 어영담은 꼬불꼬불하고 복잡한 우리나라 해안의 물길을 정복하기 위해 그날도 바닷길을 떠났다 오는 길이었습니다. 그는 한번 작정하고 나서면 몇 날 며칠이고 바다에 머물면서 바닷물의 흐름이 어떻게 변하는지, 암초는 어디에 있는지 꼼꼼히 알아내기 전에는 돌아오지 않았습니다. 그러다 보니 웬만한 바닷길은 환하게 꿰고 있었습니다. 그 일대 백성들뿐 아니라 군사들도 바닷길을 나서기 전에 그에게 물어볼 정도였습니다.

어영담은 아주 어릴 때부터 무작정 바다가 좋아 바다에서 살다시피 했습니다. 자연스레 이끌려 시작된 물길 연구가 나이를 먹으면서 차츰 호기심의 수준을 넘어선 것입니다. 바닷가 포구를 찾아다니거나 수군 부대의 장수를 찾아가 부하가 되길 자청했던 것도 모두 새로운 바닷길을 연구하기 위해서였습니다.

어영담은 용감하고, 지혜가 뛰어나고, 무과에 정식으로 급제하였으니 마음만 먹으면 더 높은 벼슬에 쉽게 오를 수 있었습니다. 그러나 출세에는 관심이 없다는 듯이 고집스럽게 바다를 지켰습니다. 그렇게 오로지 물길 연구에 매달리며 별 볼일 없는 벼슬에 머물러 있던 어영담은 임진왜란 1년 전, 바닷가 마을을 지킬 만한 인재로 뽑혀 광양 현감 자리에 올랐습니다. 광양현은 전라좌수영에 속한 마을입니다.

어느 날, 바닷가를 순찰하던 어영담은 어부들이 하는 얘기를 우연히 엿들었습니다.

"요즘 진해루에 가면 밤마다 사람들에게 술이며 떡을 준다면서?"

"새로 온 전라좌수사 이순신이 물길 지도를 만든다나 봐. 매일 바다에 나가 고기를 잡는 어부가 바다를 제일 잘 안다고 생각하고 꾀를 낸 거래."

"그래? 언제 한번 가서 술이나 한잔 얻어먹어야겠어."

어영담은 어부들의 얘기를 듣고 가슴이 뛰기 시작했습니다.

'나 말고 물길 지도에 관심이 있는 사람이 또 있다니!'

전라좌수사는 전라좌수영의 총책임자입니다. 그런 높은 벼슬에 있는 사람이 왜 물길 지도에 관심이 있는지 궁금하기 짝이 없었습니다. 그래서 몰래 알아보기로 했습니다.

물귀신의 눈을 얻다

소문대로 이순신 장군은 물길 지도를 만들기 위해 혼신의 힘을 다하고 있었습니다.

'일본은 바다에서 해적질로 이골이 난 터라 바다에서 싸우면 불리하다.'

이것이 조정의 생각이었습니다. 그래서 해전은 소홀히 한 채 육지의 방비*에만 신경을 썼습니다.

이순신의 생각은 달랐습니다. 일본은 조총을 가졌고, 100년 동안 통일 전쟁을 벌였습니다. 그래서 육지 싸움에 능숙한 군대가 있었습니다. 조선의 육상군은 무기라야 고작 활이 대부분이고, 후삼국 통일 전쟁 이후 큰 전쟁 없이 무려 1,500년간 평화롭게 살아왔던 터라 훈련된 군인도 없었습니다.

그러나 우리 수군에겐 대포와 판옥선이 있었습니다. 따라서 물길만 정복하면 가능성이 있다고 믿었습니다. 특히 남해안은 섬이 많고 물살의 변화가 심해 잘만 활용하면 천연 요새로 만들 수 있었습니다. 그러기 위해서는 반드시 물길 지도가 필요했습니다.

난중일기가 전하는 물길 지도 이야기

이순신의 《난중일기》 가운데 1597년 7월 8일 일기에는 다음과 같은 기록이 있습니다.
"체찰사 이원익이 …… 경상우도 연해안의 지도를 그리고 싶으나 도리가 없으니 본 대로 지도를 그려 보내 주면 고맙겠다고 했다. 그래서 나는 거절할 수가 없어서 지도를 대강 그려서 보냈다."
당시 이순신이 물길 지도를 그릴 정도의 정확한 정보를 가지고 있었다는 걸 알 수 있습니다.

• 적의 침입을 막기 위해 미리 지키고 대비함.

우리나라 지도를 가지고 있었던 일본

조선을 침략하기로 마음먹은 일본은 조선에 밀정을 보내 정보를 캤습니다. 주로 상인들이나 왜구들이 밀정 노릇을 했는데, 조선 옷을 입고 조선 말을 쓰며 돌아다니니 아무도 의심하지 않았지요. 그들은 조선 팔도를 돌아다니면서 지형, 도로, 성곽의 배치 등을 꼼꼼히 조사하여 굉장히 정확한 지도를 만들었을 것으로 생각됩니다.

그뿐 아니라 1591년 6월에는 쓰시마섬(대마도)의 영주가 조선 지도를 일본의 관백(지금의 수상으로 일본 최고 지배자)인 도요토미 히데요시에게 바쳤습니다. 이로써 일본은 조선을 손바닥 보듯 훤히 들여다보게 된 것이지요. 따라서 전쟁이 일어나자마자 일본은 성곽을 손에 넣은 후 지름길로 올라가 단숨에 한양을 차지하고, 평양을 삼켜 버렸던 것입니다.

'빠른 시간 안에 저 바다를 정복해야 해. 바다를 모르면 왜적을 물리치기 더 힘들어진다.'

하지만 물길을 정복한다는 것은 결코 쉬운 일이 아니었습니다. 어부들의 경험만으로는 전투할 때 어떤 곳이 유리한지 분명히 알기가 어려웠습니다. 정확한 물길 지도를 완성하려면 시간이 더 필요했습니다. 전쟁은 시시각각 다가오는데 물길 지도는 완성될 기미가 보이지 않았습니다.

한편 어영담은 어부들과 군사들에게는 물길 전문가로 명성이 자자했지만 관리들에게는 인정받지 못했습니다. 윗사람들은 물길 연구에 빠져 있는 어영담을 한심하게 여겼습니다. 삼면이 바다로 둘러싸인 조선 땅에서 너무나 소중한 어영담의 지식과 경험을 관리들은 전혀 알아보지 못했던 것입니다.

어영담은 이순신도 그런 윗사람 중 하나일까 봐 조심스러웠습니다. 그래서 조용히 지켜보았습니다. 하지만 이순신이 애쓰는 모습을 보면서 마음이 조금씩 열리기 시작했습니다.

'장군은 간절히 물길 지도를 원하고 있어. 물길 지도가 일본을 이기는 데 얼마나 중요한지 잘 알고 있다고! 진짜로 내 가치를 인정해 줄 사람일지도 몰라.'

어영담은 그날 이순신을 찾아가기로 마음먹었습니다.

물귀신이라 불릴 정도로 바다에 미친 어영담을 보자 이순신은 무릎을 탁 쳤습니다. 이순신은 어영담의 숨은 재주를 결코 놓치지 않았습니다. 어영담은 즉시 이순신에게 조선에 단 하나밖에 없는 것을 바쳤습니다. 바로 어영담 자신이었습니다.

어영담은 용감한 장수이자 헌신적인 관리였고, 그 자신이 곧 상세한 물길 지도였던 것입니다. 이순신은 어영담이 진실로 사랑한 것은 출세를 하는 것도, 부자가 되는 것도 아니며 바다와 백성뿐이란 사실을 알아차렸습니다.

마침내 이순신은 물귀신의 눈을 얻었습니다. 또한 어영담은 자신의 가치를 알아준 이순신 덕에 날개를 달 수 있었습니다. 어영담은 이순신의 부하로 전쟁을 맞았고, 공을 크게 세워 절충장군에 올랐습니다. 절충장군은 무관이 오를 수 있는 가장 높은 품계입니다.

임금도 인정한 물길 전문가

김두라는 사람을 중심으로 광양현 사람 126명이 쓴 호소문이 전라좌수영에 도착했습니다. 내용은 이랬습니다.

"광양 현감 어영담이 구휼미*와 다음 해 농사를 위한 씨곡을 따로 모아 두었는데, 독운어사가 그것을 보고 군량미**를 빼돌렸다며 파직했습니다."

1593년, 전쟁 이듬해 봄 보릿고개에는 조선 천지 어디고 먹을 게 없기는 마찬가지여서 나라에서는 군량미를 걷기도 무척 어려웠습니다.

이러한 상황을 이용해서 군량미를 빼돌려 제 배를 불리는 사

바다 전쟁은 물길 정보 전쟁

일본은 조선의 물길도 자세히 알았던 모양입니다. 오랫동안 노략질을 한 덕택인지 아니면 물길 조사를 따로 했는지 모르지만, 바다의 지름길이나 조류를 잘 알았던 것 같습니다. 명량해전을 보면 알 수 있어요. 명량은 길목이 좁아 자칫하면 숨어 있는 조선군에 걸릴 수 있는 곳이었지요. 일본은 이를 잘 알고 있었기 때문에 물살이 동에서 서로 가장 빨리 흐르는 보름날 아침을 이용했습니다. 그 물목을 넘어야 서해로 갈 수 있었으니까요. 하지만 이순신은 이를 미리 예측했습니다.

• 재난을 당하거나 어려움에 처한 백성을 돕는 데 쓰는 쌀.
•• 전쟁에 나간 군인들을 먹일 쌀.

유성룡과 징비록

1542년에 태어난 유성룡은 어릴 때부터 공부에 재능을 보였습니다. 특히 한동네 살았던 이순신의 진가를 누구보다 잘 알고 있었습니다. 이순신이 위기에 처할 때마다 그를 도와준 든든한 후원자로, 선조 때 영의정까지 올랐던 인물입니다. 유성룡이 임진왜란을 생생하게 기록한 《징비록》은 책으로는 드물게 국보 132호로 지정되었습니다. 그는 이 책에 "특별히 기록하는 까닭은 후손들에게 경각심을 일깨워 주기 위해서다."라고 밝혔습니다. 전쟁의 잘잘못을 낱낱이 기록해 후손들에게 알리기 위해 쓴 것이지요. 또한 잘못된 부분에 대한 반성과 더불어 다음에는 어떻게 하면 좋을지에 대한 따뜻한 조언도 함께 들어 있습니다.

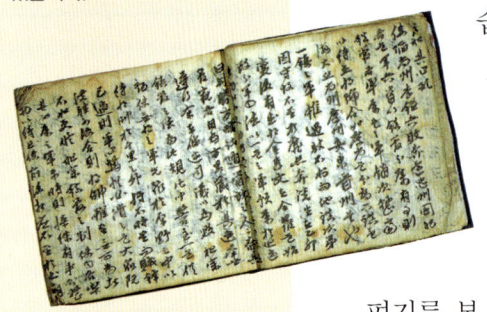

징비록(한국국학진흥원)

람들이 있었습니다. 나라에선 숨겨 놓거나 빼돌린 군량미를 찾기 위해 독운어사라는 암행어사를 파견하기에 이르렀습니다. 군량미가 그나마 남아 있을 만한 곳은 전쟁의 피해가 크지 않은 충청도와 전라도 지방이었기 때문에 충청도에 두 명, 전라도에 세 명이 파견되었습니다.

광양현에도 독운어사 임발영이 들이닥쳐 샅샅이 뒤졌습니다. 그렇게 해서 찾아낸 곡식이 구휼미와 씨곡이었는데도 막무가내로 어영담을 파직하고 떠난 것입니다.

당시 어영담은 이순신 장군과 함께 적과 싸우느라 몇 달 동안이나 남해 바다에 있었습니다. 따라서 임발영의 조치에 대해 단 한마디 변명도 하지 못한 채 파직 위기에 놓인 것입니다.

마을 사람들이 모두 모여 회의를 했습니다. 암행어사는 임금이 직접 파견한 관리였으므로 그 결정을 되돌리기란 불가능한 일이었습니다. 그렇다고 두 손 놓고 보고만 있을 수는 없었습니다. 광양 현감으로서 어영담은 전쟁이 일어났을 때도 안심하고 농사짓고 살게 해 주었고 전쟁터에서 누구보다 용감하게 싸우고 있는 것을 잘 알았습니다. 그래서 이순신 장군에게 편지를 보낸 것입니다.

편지를 본 이순신은 매우 화가 났습니다. 위기에 빠졌던 나라를 지킨 영웅에게 변명할 기회도 주지 않고 파직시켜 버린 독운어사의 조치를 이해할 수 없었습니다.

임발영은 임금이 특별히 아끼는 인물이었지만 이순신은 즉

각 조정에 장계*를 올렸습니다.

"호남** 한쪽이 이제까지 온전히 보호되고 있는 것은 어영담의 힘이 크다고 아니할 수 없습니다."

임진왜란이 터졌을 때 만일 호남을 막아 내지 못했다면 어떤 일이 일어났을까요?

한창 논과 밭에 파란 싹이 올라오고 있는데 만에 하나 곡창 지대인 호남마저 짓밟혔더라면 적보다 더 무서운 굶주림 앞에 무릎을 꿇었을 것입니다. 따라서 호남을 지킨 것은 바로 나라를 지킨 것이었습니다.

또한 마을 사또로서도 백성들을 안심시켜 씨를 뿌리고 거두어 많은 곡식을 나라에 바쳤습니다. 호남은 이렇게 그의 덕에 두 번 지켜진 것입니다. 이순신 장군은 특히 그 점을 강조하였습니다.

오랫동안 누구보다 이순신을 지지해 주었던 유성룡도 거들었습니다. 무엇보다도 유성룡은 어영담이 물길에 대해 얼마나 잘 알고 있는지 강조하였습니다. 전쟁 시기에, 그것도 바다를 건너온 적과 싸우는 이때, 물길 전문가의 중요성을 임금도 인정하지 않을 수 없었습니다. 마침내 선조 임금도 어영담의 손을 들어 주었습니다. 다시 조사하여 잘못이 있으면 처벌하라고 하면서, 어영담에게는 그대로 자리를 지키라는 명령이 내려왔습니다.

선조 임금에게 각별히 사랑받던 임발영은 오히려 자신이 파직되는 수모를 겪어야 했습니다. 분하고 억울했던 임발영은 어

* 중요한 일을 왕에게 보고하는 문서.
** 지금의 전라북도와 전라남도.

영담을 가만히 둘 수 없었습니다. 그로부터 반년 후 결국 어영담은 광양 현감 자리에서 물러나야 했습니다. 그러자 이순신은 당장 어영담을 조방장으로 불러들였습니다. 이순신은 어영담을 불러들인 이유에 대해 이렇게 썼습니다.

"다른 사람에 비해 내세울 만한 인재이므로 파직되었더라도 수군 조방장으로 임명하여 끝까지 계획하고 방책*을 세워 큰일을 이룰 수 있도록 할까 합니다."

어영담은 곧장 한산섬으로 들어갔습니다. 그곳에서 약 4개월간 준비한 끝에 최고의 물길 전문가만이 할 수 있는 새로운 전술을 탄생시켰습니다. 이순신의 말처럼 계획하고 방책을 세워 큰일을 해낸 것입니다.

• 방법과 꾀.

어영담과 31인의 특공대

1594년 3월. 남해안에서 일본 수군들이 다시 활개를 치기 시작했습니다. 1592년에 이순신 장군에게 혼쭐이 난 후 꼼짝도 하지 않고 있다가 기지개를 켜기 시작한 것입니다. 남해안 여러 고을이 불에 타고 백성들의 신음 소리가 높아졌습니다.

삼도수군통제사**가 된 이순신 장군은 즉시 전라우수사 이억기 장군과 경상우수사 원균 장군 아래 있는 우수한 병사들을 선발했습니다. 매우 독특한 작전을 세웠기 때문입니다.

•• 충청도, 전라도, 경상도의 수군을 총지휘하는 최고 책임자

일본 수군은 그동안 조선 수군을 두려워한 나머지 멀리서 그림자만 보여도 꽁무니를 뺐기 때문에 공격하기가 쉽지 않았습니다. 일본 배는 조선 배보다 가볍고 빨랐습니다. 이순신도 '빠르기가 나는 것과 같다'고 말했을 정도입니다.

쥐새끼처럼 설치고 돌아다니는 적들을 이기기 위해서는 판옥선처럼 강하지만 느린 배로는 어림도 없었습니다. 그래서 세운 독특한 작전이 조선 최초의 바다 특공대 작전입니다.

물론 특공대의 성패는 지휘하는 대장의 능력에 달려 있었습니다. 용감하면서도 물길을 잘 아는 장수. 두말할 것 없이 이순신의 조방장 어영담이 맞춤이었습니다. 이순신, 이억기, 원균은 모든 것을 어영담에게 맡기고 뒤를 맡았습니다.

어영담의 지휘 아래 한 몸같이 움직인 특공대의 전투는 눈 깜짝할 새에 끝이 났습니다. 조선 수군을 보자마자 지레 겁먹은 적을 상대로 대성공을 거두었습니다. 일본 배 31척을 불태워 다시는 우리 바다에 나타나지 못하도록 만든 것입니다. 바로 이 전투가 제2차 당항포해전입니다. 어영담은 이 승리로 지휘 능력을 인정받았습니다.

어영담과 31인의 특공대 작전은 새로운 상황에 맞춰서 개발된 독특한 전술이었습니다. 재빨리 움직여 목적을 이루고 빠지는 전법은 보통 일본 해적선의 고유 전법인데, 반대로 조선 수군이 쓴 것입니다. 이것이 가능했던 것은 판옥선을 발전시켜 훨씬 빠른 '쾌속선'을 만들었기 때문입니다. 결국 특공대 작전은 과학 기술에 바탕을 둔 조선 수군의 또 다른 쾌거였습니다.

선조실록이 전하는 쾌속선 이야기

일본에 사신으로 갔던 황신이란 사람이 부산으로 되돌아오는 길에 있었던 일입니다. 당시 주변 사람들은 맞바람이 부니 곧장 도착하기 어렵다며 부산행을 말렸다고 합니다. 하지만 일본 배보다 더 빨리 부산에 도착하자 모두들 놀랐다고 해요. 《선조실록》에 남겨진 기록에 따르면, 선조 임금이 그 이야기를 듣고 "그 배가 판옥선인가?" 묻자 황신이 "이순신이 감독하여 만든 배로, 일본 배 만드는 방법을 모방한 것입니다."라고 대답했습니다. 이순신은 판옥선을 개량하여 대포를 실을 수 있는 쾌속선을 만들어 빠른 일본 배를 상대하였습니다. 나대용이 쾌속선인 해추선을 만들었다는 기록이 있는 것으로 보아 이순신의 명령에 따라 나대용이 개발했을 것으로 추측됩니다.

"삼가 왜선을 불태워 무찌른 일로 아룁니다."

어영담의 진가를 보여 주었던 제2차 당항포해전의 승전보를 알리는 이순신 장군의 장계는 이렇게 시작됩니다. 그러나 이 특공대 전술은 어영담을 잃으면서 더 이상 사용되지 못했습니다. 뛰어난 전투를 이끌었던 어영담은 그 장계의 먹물이 마르기도 전에 세상을 떠나고 맙니다. 수십만 일본군을 두려움에 떨게 했던 장수의 최후치고는 너무나 허무한 죽음이었습니다. 장군의 목숨을 앗아 간 것은 전염병이었습니다.

어영담(魚泳潭). 이름을 풀이하면 말 그대로 '물고기가 헤엄치는 연못'이란 뜻입니다. 그래서인지 뭍에 있는 시간보다 물 위에 있는 시간이 많았던 어영담은 1594년 4월 9일 세상을 떠났습니다.

어영담은 그 공이 누구 못지않았으나 임진왜란 때 공을 세운 사람에게 주어진 선무공신*에 오르지는 못했습니다. 백성들이 이를 두고두고 안타까워했습니다.

"어 조방장이 세상을 떠났다. 애통함을 어찌 다 말하랴."

어영담을 잃은 날, 이순신 장군은 일기에 이렇게 썼습니다.

* 임진왜란 때 공을 세운 관리에게 주었던 칭호.

04 화약을 제조한 숨은 과학자
이봉수

- 과학자의 자질을 가진 관리
- 임진왜란은 화약 전쟁
- 염초의 비밀에 도전하다
- 이름 없는 화학자

과학자의 자질을 가진 관리

봉수대

이봉수가 세웠던 봉수대(북봉연대)는 2층 직육면체로 흙과 돌로 만들었다고 합니다. 하지만 일제 강점기 때는 일본군이, 한국전쟁 때는 한국군이 진지를 만들면서 다 허물어 버렸습니다. 지금 그 자리에는 원래 모습과는 다르게 5층 계단식 팔각기둥 모양으로 복원되어 있습니다.
봉수대란 밤에는 횃불(봉)로, 낮에는 연기(수)로 신호를 전달하는 통신 시스템입니다. 모든 봉수대는 서울로 이어지게 되어 있고, 신호를 보내기 적합하도록 시야가 탁 트인 산꼭대기에 설치했습니다. 각 봉수대 사이의 거리는 10킬로미터 정도였습니다.

임진왜란이 일어난 해인 1592년 2월 4일이었습니다. 햇살이 밝게 빛났습니다. 동헌에 나와 일을 하던 이순신은 뒷산을 향해 빠르게 걸음을 옮겼습니다.

뒷산에서는 이봉수의 지휘 아래 병사들이 부지런히 봉수대를 쌓고 있었습니다. 이순신이 가만히 보니, 이봉수의 손에 무언가 들려 있었습니다. 봉수대의 길이와 높이를 자세히 그려 놓은 종이였습니다. 이봉수는 종이에 적혀 있는 내용을 바탕으로 병사들에게 돌 놓는 위치를 알려 주었습니다. 한눈에 보기에도 봉수대는 똑같은 간격으로 폭이 좁아지며 올라가고 있었습니다.

"정말 아름답구나."

해가 기울도록 봉수대 작업을 지켜보던 이순신이 칭찬했습니다. 그저 봉수대일 뿐인데 마치 손으로 만든 예술품처럼 보였습니다.

"힘이 한곳에 모이지 않도록 했습니다."

이봉수가 조용히 대답했습니다.

이순신을 따라 올라온 군관도 고개를 끄덕였습니다. 이토록 매끄럽게 쌓은 봉수대를 본 적이 없기 때문입니다. 하지만 그까짓 봉수대 하나에 큰 정성을 기울이는 이봉수나, 바쁜 가운

데에도 봉수대 쌓는 것을 하루 종일 지켜보는 이순신이나, 다른 사람들은 이해할 수 없었습니다. 도대체 봉수대 쌓는 일이 왜 그렇게 중요했던 것일까요?

이봉수는 경주의 명문가에서 태어나 어려서부터 활쏘기와 말타기는 물론, 무예와 관련된 책을 읽고 공부하였습니다. 나이가 차자 이봉수는 사촌 동생과 함께 이순신 장군이 있는 전라좌수영에 정로위[●]로 들어왔습니다.

● 지방 명문가의 아들을 위한 귀족 군대.

평범한 도련님이었던 이봉수에게 남다른 재주가 있다는 게 밝혀진 것은 여수 앞바다에 철쇄를 심을 때였습니다. 수중 철쇄 설치를 맡은 이봉수는 어떻게 하면 좀 더 효과적으로 설치할까 고민했습니다.

'무거운 철쇄를 손쉽게 들었다 놓았다 할 수 있어야 하고, 몰래 우리 앞바다를 지나는 적의 배만 걸려 뒤집히게 만들어야 해.'

이봉수는 여러 날 고심한 끝에 쇠사슬 중간중간에 나무를 꿰어 물에 뜨게 하고, 돌을 이용해 바닷물에 휩쓸려 가지 않도록 한 독특한 철쇄를 생각했습니다. 이봉수는 석공들에게 돌에 구멍 내는 일을 시키고 하나하나 직접 관리했습니다.

이순신이 깜짝 놀란 것은 이봉수가 일을 해내는 속도가 아니었습니다. 돌들의 크기와 구멍의 위치였습니다. 돌은 엄청난 조류에도 아랑곳없이 철쇄를 지탱했습니다. 게다가 철쇄는 수면 바로 아래 아슬아슬하게 자리 잡고 있어서, 아는 사람이

명량해전과 수중 철쇄

남해 바다는 섬이 많아서 바다의 폭이 좁고 물살이 빠른 곳이 많은데, 대표적인 곳이 진도와 해남 사이의 명량해협입니다. 명량은 우리말로 울돌목이라고 하는데, 물이 울고 있는 것 같은 소리를 내며 빠르게 흘러가서 붙은 이름입니다.

'철쇄'란 쇠사슬을 말합니다. 물속에 쇠사슬을 가라앉혀 놓았다가 적의 배가 지나가면 재빨리 감아올려 낚아챘는데, 이것이 수중 철쇄입니다. 명량 앞바다를 지나 서해로 가려던 일본 배 330척이 이순신 함대 13척에 무릎을 꿇은 것도 이 수중 철쇄 덕분입니다. 갑자기 바닷속에서 쇠사슬이 올라와 물살이 거센 그곳을 지나려던 일본 배가 차례로 부딪히고 부서져 옴짝달싹 못 하게 된 것입니다. 그때 조선 수군이 대포를 쏘며 공격해 무찌를 수 있었지요.

명량해협이 있는 전라남도 해남에 전해지는 이야기에 따르면, 명량해전 때 엄청난 일본군 숫자에 비해 초라한 조선군 숫자를 부풀리기 위해 여자들에게 남자 옷을 입혀서 강강술래를 하게 했다고 합니다. 강강술래는 여럿이 손을 잡고 둥글게 도는 놀이입니다. 철쇄를 감아올리는 도르래를 돌리기 위해 강강술래로 위장한 것은 아닐까 추측됩니다.

《난중일기》에 철쇄를 설치했다는 기록이 없고 만들 시간도 없었기 때문에, 철쇄가 실제로 존재하지 않았다는 주장도 있습니다. 그러나 해남 지역에는 철쇄에 대한 이야기나 유물이 전해옵니다. 또 해남은 전라우수영이 있던 곳으로 이억기 장군이 한 번도 적에게 뺏기지 않고 보존했던 곳입니다. 전라좌수영의 철쇄를 보고 미리 준비해 뒀던 것을 이순신 장군이 명량해전 때 썼을 것으로 보입니다.

진도대교가 놓인 현재의 명량 해협

나 피할 뿐 적들의 배는 여지없이 딱 걸리게 되었습니다.

철쇄의 중요성이 두드러진 것은 명량해전 때였습니다. 좁은 명량 앞바다의 빠른 물살을 이용해 지나가려던 일본의 싸움배들이 진도와 해남 일대에 설치해 놓은 철쇄에 걸리면서 우왕좌왕하기 시작했거든요. 조선 수군이 그 틈을 놓치지 않고 공격하여 13척으로 330척의 일본 수군을 물리칠 수 있었습니다.

이순신은 좌수영 뒷산에 봉수대를 새로 설치할 계획을 세워 놓고 이봉수를 떠올렸습니다.

'이봉수의 재주가 얼마나 되는지 이번에 좀 더 알아보자.'

그리하여 이봉수에게 봉수대 설치를 맡긴 것입니다.

봉수대는 멀리 있는 아군에게 급한 상황을 알리기 위한 장치로, 낮에는 연기를 피워 올리고, 밤에는 불을 붙이는 곳입니다. 지금으로 보면 전화나 무선 통신 같은 역할을 하는 셈이지요. 만일 봉수대가 무너져 버리거나, 연기나 불이 잘 피어오르지 않는다면 어떻게 될까요? 적이 쳐들어왔을 때 얼른 구원 요청을 할 수 없습니다. 그러니 봉수대는 정말 중요한 곳입니다.

이봉수는 꼼꼼하게 설계도를 만들어서 정확하게 봉수대를 만들기 시작했습니다. 설계 도면대로 올라가지 않으면 다시 쌓게 했기 때문인지 돌을 쌓아 올리는 병사들의 손길도 신중해 보였습니다.

이순신이 산 위에 올라온 것은 그때였습니다. 전쟁 준비로 눈코 뜰 새 없이 바빴던 이순신은 그만 그 자리에 멈춰 서고 말았습니다. 이봉수는 기대 이상이었습니다.

• 봉수대.

"뒷산의 신호대* 쌓는 곳에 오르니, 쌓은 것이 매우 좋아 무너질 염려가 없으니 이봉수가 부지런히 애썼음을 알겠다. 종일 구경하다가 저녁에야 내려왔다."

이순신은 《난중일기》에 그날의 일을 이렇게 적어 놓았습니다. 이순신이 본 것은 훌륭한 봉수대가 아니라 이봉수 안에 숨겨진 과학적 태도와 문제를 해결하는 능력이었습니다. 이봉수는 숨은 과학자였던 것입니다.

임진왜란은 화약 전쟁

1592년 9월, 이순신은 남해 바다를 넉 달간 항해한 끝에 적을 거의 물리치고 여수의 좌수영으로 돌아왔습니다. 승리를 거두었는데도 어쩐 일인지 이순신은 깊은 시름에 빠졌습니다. 화약이 바닥을 드러내고 있었던 것입니다.

이번 전쟁이 화약 전쟁이 되리라 예상한 이순신은 충분한 양의 화약을 쌓아 두었습니다. 그런데 막상 전쟁이 일어나니 생각보다 훨씬 더 많은 화약을 쓸 수밖에 없었습니다. 거기에다 전라좌수영에 화약이 있다는 소문이 나자 여러 곳에서 너나없이 화약을 얻으러 왔던 것입니다. 이제 화약이 거의 남아 있지 않으니, 만에 하나 이 사실을 적들이 아는 날에는 큰일이 아닐 수 없습니다. 위기의 순간이 다가온 것입니다.

화약의 주 재료인 염초*를 만들어 내는 게 큰 숙제였습니다. 하지만 이순신은 한편으로 믿는 구석이 있었습니다. 어찌 되었든 조선은 화약 제조국이었으니까요. 기본적인 화약 제조법에 대한 기록이 있으니, 기록을 바탕으로 화약을 만들 수 있는 사람을 찾으면 됩니다. 이순신은 주저 없이 이봉수를 불렀습니다.

"화약을 만들기 위해 필요한 염초가 떨어졌다. 만들 수 있겠느냐?"

"기록만 있다면 해 보겠습니다."

"일찍이 최무선 장군께서도 20년간 연구 끝에 실패했다. 결국은 남이 만드는 것을 보고 그대로 따라 하고서야 알아냈다고 한다. 책에 적힌 기록만으로 방법을 알 수 있겠느냐?"

이봉수는 차분하게 말했습니다.

"모든 것에는 그렇게 되는 까닭이 있습니다. 그 까닭을 안다면 만들 수 없는 게 없습니다. 염초를 만들 수 있는 재료들이 기록되어 있다면 그 재료마다 염초를 만들 수 있는 까닭이 있을 것이고, 재료를 섞는 법이 기록되어 있다면 섞는 법에 숨겨진 까닭이 있을 것이고, 또한 염초를 걸러 내는 법에 대한 기록이 있다면 그 방법에 대한 까닭이 있을 것입니다. 그 까닭만 알아낸다면 염초도 만들 수 있습니다."

이봉수의 설명을 들으며 이순신은 그에 대한 믿음이 커졌습니다. 이봉수의 탐구 능력과 문제 해결 능력은 실로 놀라운 것이었고, 이번에도 그가 성공하리라 믿었던 것입니다. 사실 이

* 질산 칼륨.

봉수로서는 전쟁터에서 공을 세운다면 출셋길이 어렵지 않게 열릴 터였습니다. 그런데도 세상이 알아주지 않는 과학자의 길을 선택한 그가 더없이 기특했습니다.

"너의 재주를 소중히 한다면 염초를 만들 수 있을 것이다. 그 일은 배를 타고 바다에 나가 왜적선 수십 척, 수백 척을 무찌르는 것보다 더 훌륭한 일이다."

"열심히 해 보겠습니다."

이봉수는 염초 만드는 일에 도전하기로 마음먹었습니다. 바닥을 드러낸 화약을 채워 위기에 빠진 조선을 구하는 일이야말로 더할 나위 없이 중요한 일이었습니다. 하지만 그에게는 또 다른 이유가 있었습니다. 자신 안에 숨어 있는 과학에 대한 열정을 새로운 도전에 마음껏 쏟아붓고 싶었던 것입니다.

염초의 비밀에 도전하다

화약은 나무를 태운 재와 유황, 그리고 염초를 배합하여 만드는데, 가장 어려운 일이 염초를 얻는 일이었습니다.

염초는 자연에서 구할 수 없고 화학 반응을 통해서만 얻을 수 있어요. 그런데 당시는 화학이 거의 발달하지 않았습니다. 이봉수는 화학이란 말을 들어 보지도 못했을 겁니다. 누군가 그에게 화학 반응에 대한 얘기를 한다면, 그것은 마치 마술사

화약의 역사

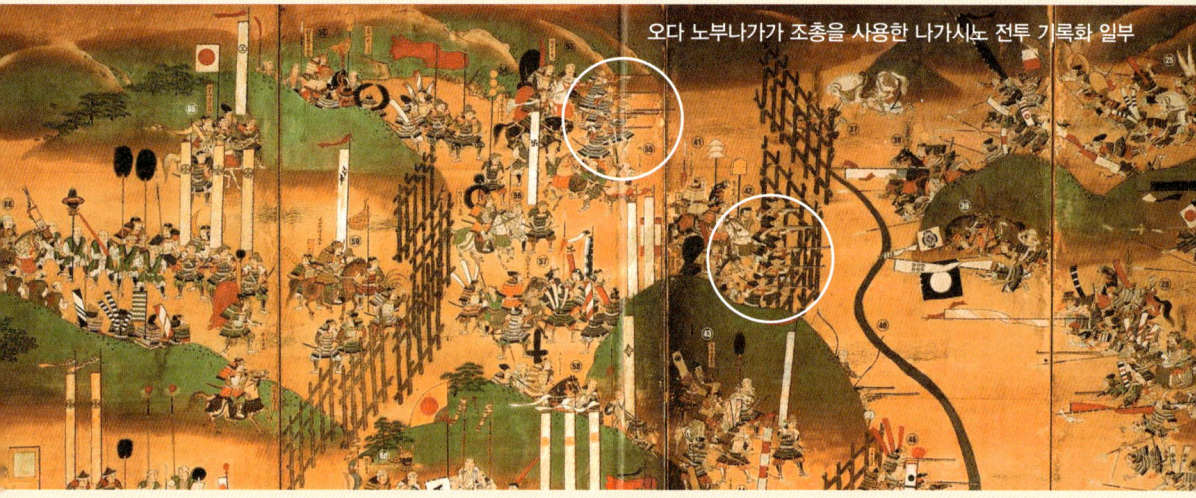

오다 노부나가가 조총을 사용한 나가시노 전투 기록화 일부

세계 최초의 화약

약 1,800년 전 중국의 도인들이 먹으면 죽지 않는다는 '불로장생' 약을 만들려고 여러 가지 실험을 하다가 화약이 우연히 발견되었습니다. 그 뒤 당나라 때 제대로 발명되어 점차 전쟁에 쓰였습니다. 1232년 몽골과 금나라의 전쟁에 화약이 사용되었다는 기록이 남아 있습니다.

서양의 화약

중국에서 발명된 화약은 서양으로 건너가 연금술사들에게 전해졌습니다. 그러다 영국인 수도사 로저 베이컨이 1242년 화약 만드는 법을 알아냅니다. 하지만 당시에는 화약에 대한 얘기만 꺼내도 종교 재판을 받았기 때문에 화약 만드는 방법을 몰래 암호로 써 놓았습니다.
1313년 독일 사람 베르톨트 슈바르츠가 암호를 풀어 냅니다. 그 뒤로 더욱 발전시켜 중국의 화약을 넘어섰지요. 조선은 중국의 화약 기술을, 일본은 서양의 화약 기술을 받아들였으니 화약 기술 면에서는 일본이 훨씬 앞선 셈입니다.

일본의 화약

일본은 중국과 조선을 통해 화약 기술을 얻기 위해 계속 노력했지만 비법을 모른 채 발만 동동 굴렀지요.
그러다 1543년 8월 25일 태풍이 몰아닥친 어느 날, 명나라로 가던 포르투갈 배가 일본 남쪽 규슈 지방에 있는 다네가시마란 마을에 표류했습니다. 포르투갈 사람들은 그곳의 영주 도키타가에게 융숭한 대접을 받은 뒤 조총 두 자루를 팔고, 화약 만드는 법을 알려 주었습니다. 일본은 내전 중이었고, 철이 풍부한 나라여서 조총은 빠르게 발전하여 신무기로 위력을 떨쳤습니다.
오다 노부나가는 조총을 이용해 구식 무기를 쓰는 다른 다이묘들을 정복해 일본을 통일했고, 도요토미 히데요시가 뒤를 잇습니다.
태풍에 밀려온 서양의 과학 기술은 결국 일본을 화약 제조국으로 만들었고, 그 덕에 조선은 전쟁의 소용돌이에 휘말리게 된 셈입니다.

우리나라의 화약

고려 시대 말(1377년) 우왕 때 최무선의 노력으로 우리나라도 화약 제조국이 되었습니다. 최무선은 혼자서 20년간을 화약 제조에 매달렸지만 알아내지 못했는데, 중국 원나라에서 화약 제조 일을 했던 이원이란 사람이 최무선의 노력에 감동하여 '비법'을 알려 주었다고 해요.

가 동전을 넣은 모자 속에서 비둘기 한 마리를 꺼내는 일처럼 속임수나 요술로 보였을 것입니다.

오랫동안 연구해 온 화학자도 아니었고, 예전에 화약을 만들어 본 경험도 없는 이봉수에게는 애매모호한 기록 하나가 유일한 길잡이였습니다.

"맵거나 달거나 쓴 흙에다 재를 같은 부피로 섞는다. 그 재와 흙의 혼합물에 오줌을 섞은 뒤 말똥을 덮어 생기는 가스를 불을 태워 없앤 후 끓여 내면 염초를 얻을 수 있다."

그는 간단하기 짝이 없는 이 글귀를 읽고 또 읽으며 생각하고, 또 생각했습니다.

'왜 흙은 맵거나 달거나 쓴 것만 썼을까?'

이것이 모든 일에는 까닭이 있다고 믿는 이봉수의 첫 번째 궁금증이었습니다. 이 물음에 답하기 위해 그는 먼저 흙에 대해 연구하기로 마음먹었습니다.

사람마다 매운맛, 단맛, 쓴맛의 기준이 다르니 조선 팔도에 있는 흙을 다 맛보지 않는 한 얼마나 맵고 달고 쓴 흙이라야 염초를 만들 수 있는지 알 길이 없었습니다. 모든 흙을 다 맛보고 찾아내는 것도 어리석은 짓 같았습니다. 며칠 동안 골똘히 궁리한 끝에 한 가지 결론을 내렸습니다.

'흙이 아니라 흙을 구하는 장소에 비밀이 숨겨져 있을 거야!'

흙 속에 염초가 되는 물질이 있으면 그 맛이 맵거나 쓰거나 달게 되는 것이고, 이를 뒤집어 보면 염초가 되는 물질이 흙 속에 숨기 좋은 곳이 어디인지 알아내면 된다는 결론에 다다른 것입니다.

 이때부터 이봉수는 흙 맛이 아니라 장소를 연구했습니다. 여러 기록을 샅샅이 뒤지며 염초가 될 흙이 있을 만한 장소를 찾아보았습니다. 오래된 아궁이, 오래된 집 마룻바닥, 온돌이나 담벼락의 흙, 기왓장에 들러붙은 흙…….

 곳곳에서 긁어모은 흙에다 장소를 적은 꼬리표를 붙여서 실험해 보고 그 결과를 기록하면서 좋은 염초를 얻은 곳에 표시를 해 두었습니다. 실험이 거듭되자 놀랍게도 몇 개의 흙으로 좁혀졌습니다. 염초를 만들 수 있는 물질을 담은 흙이 어떤 장소에 있는지 서서히 드러나기 시작한 것입니다.

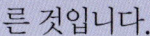

염초 천 근을 만든 비법

임진왜란을 통해 화약의 중요성을 절실하게 느낀 정부는 '화기도감'이라는 전문 기관을 세웁니다. 염초 제조법은 발전을 거듭했고, 그로부터 약 50년 뒤인 인조 임금 때(1635년) 병조판서 이서는 《신전자취염초방》이란 책에서 새로운 공법을 사용했을 경우 기술자 3명, 잡역부 7명이 1개월에 천 근을 만들 수 있다고 썼습니다.
전문가도 아니었던 이봉수가 보잘것없는 실험 도구와 전쟁이 벌어지고 있는 다급한 상황에서 혼자 염초 천 근을 만들어 낸 일은 그야말로 '기묘한 비법'이라고 부를 만했습니다.

• 화약을 이용해 발사시키는 화살 무기. 세종 임금 때 발명되었습니다.

염초의 성패를 가늠하는 흙의 비밀이 풀리자 나머지는 어렵지 않았습니다. 그의 곁에는 깨알 같은 붓글씨로 실험 결과를 적어 놓은 종이들이 차곡차곡 쌓였습니다. 종이가 천장에 닿을 무렵 이봉수는 염초 만드는 법을 알아냈습니다.

이름 없는 화학자

마침내 진해루 앞에 커다란 가마솥이 걸렸습니다. 이봉수의 침착한 얼굴이 보였습니다.

1년 전 철쇄를 설치하고, 봉수대를 쌓아 올릴 때보다 훨씬 성숙한 그의 얼굴을 이순신은 대견한 듯 바라보았습니다. 화약이 없어 여수에 웅크린 채 꼼짝 못 하고 있던 병사들도 긴장한 얼굴로 침을 삼켰습니다. 만일 이봉수가 화약을 만들어 내는 데 성공한다면 다시 우리 바다에서 적을 소탕할 수 있을 터였습니다. 화약을 가득 실은 판옥선과 거북선은 누구도 막아 낼 수 없으니까요.

이봉수는 천천히 가마솥 바닥에 있는 작은 알갱이를 걷어 종이로 만든 대롱에 넣었습니다. 기다렸다는 듯이 군관 하나가 그 대롱을 신기전•에 매단 뒤 끝에 있는 심지에 불을 붙여 하늘 높이 쏘아 올렸습니다.

파지직, 쾅!

 요란한 폭음과 함께 폭죽이 하늘 높이 퍼져 나갔습니다. 실험은 성공하였습니다. 마침내 이봉수가 염초를 만드는 데 성공한 것입니다. 군사들도 모두 기뻐서 밤이 깊도록 불꽃놀이를 하였습니다.
 이봉수의 화학 실험은 정말 대단한 것이었습니다. 이봉수는 화학이란 말도 모르는 시대에 태어나 그에 관한 공부를 한 적도 없었습니다. 하지만 실험을 반복하면서 나타나는 사소한

차이를 찾아내고, 다시 그 차이가 생기는 까닭을 연구하여 마침내 화약을 만드는 방법을 알아낸 것입니다. 마치 현대의 화학자들처럼 말입니다.

바로 다음 날부터 이봉수가 찾아낸 비법대로 열심히 염초를 만들었습니다. 그리고 염초를 충분히 만들어 낸 1953년 1월, 이순신 장군은 너무나 자랑스럽게 보고서 한 장을 조정에 올렸습니다.

이봉수의 염초 결정법 따라 하기

이봉수가 염초를 얻기까지의 과정은 당시로선 매우 어렵고 아무나 할 수 있는 실험이 아니었습니다. 그러나 우리는 초등학교 4학년 과학 시간에 배우는 '혼합물의 분리'를 응용하여 실험해 볼 수 있습니다. 물질마다 잘 녹고 안 녹는 차이가 있는데 이것을 용해도라고 합니다. 이런 용해도의 차이를 이용해 순수한 물질을 가려내는 실험입니다. 온도에 따라 어떤 물질은 많이 녹고, 어떤 물질은 적게 녹는데 온도를 높여서 혼합물을 전부 녹인 뒤 다시 온도를 내리면 점점 용해도가 큰 물질의 결정(알갱이)이 커지는 원리입니다.

염초라 불리는 질산 칼륨은 용해도가 매우 커서 쉽게 녹고 결정이 쉽게 생깁니다. 이봉수는 여러 가지 물질을 섞어 만든 혼합물에서 염초만을 따로 분리해 내기 위해 이 방법을 이용한 것입니다.

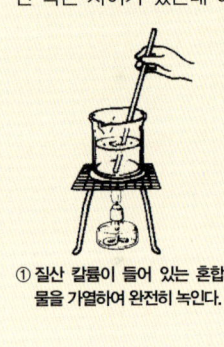
① 질산 칼륨이 들어 있는 혼합물을 가열하여 완전히 녹인다.

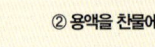
② 용액을 찬물에 식힌다.

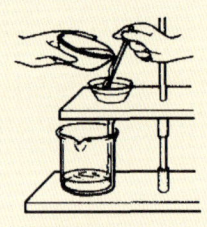
③ 질산 칼륨이 결정으로 가라앉는다.

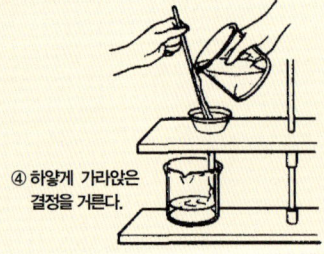
④ 하얗게 가라앉은 결정을 거른다.

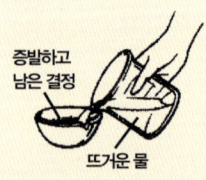
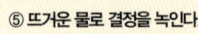
⑤ 뜨거운 물로 결정을 녹인다.

⑥ 이렇게 끓이고 말리기를 되풀이하여 질산 칼륨 결정을 얻는다.

"염초를 다른 데서 가져올 수가 없었는데 이봉수가 그 묘법을 알아내어 석 달 동안에 염초 천 근을 만들어 냈습니다."

드디어 이순신 장군의 무적함대가 여수 앞바다에서 닻을 올렸습니다. 물론 이봉수가 만들어 낸 염초로 화약을 충분히 만든 다음이었지요. 5개월 동안이나 화약이 없어 꼼짝도 못 했던 이순신과 그의 병사들은 당당하게 앞으로 나아갔습니다. 그리고 그로부터 한 달간 남해 바다를 돌며 대포로 적들을 모조리 소탕했습니다.

이봉수는 자신이 진정으로 좋아하는 일을 할 수 있었고, 그 일이 나라를 구하는 디딤돌이 되었습니다. 이순신은 오랫동안 이봉수를 지켜보며 그의 열정에 불을 지폈던 것입니다. 이름 없는 화학자 이봉수는 염초를 만드는 실험에 자신을 불태웠습니다. 하고 싶었던 일이었기 때문에 미친 듯이 매달렸고, 화약이 없어서 위기에 빠졌던 이순신은 이봉수를 알아본 대가로 불패의 신화를 이어 갈 수 있었습니다.

그 후 이봉수는 무관의 길을 묵묵히 걸었습니다.

05 조총의 비밀을 밝혀라

정사준

- 의로운 양반의 새로운 도전
- 신분을 넘어선 의기투합
- 정철총통을 만들다
- 과학 기술에 투자하라

조총

조선은 7년 동안이나 일본의 조총에 괴롭힘을 당했습니다. 우리나라의 승자총통과 비교하면 겉모습에서 딱 한 가지 차이가 보입니다. 바로 방아쇠입니다. 그 결정적 차이가 임진왜란 초기에 우리나라를 벼랑 끝까지 몰았다고 할 수 있습니다.

일본에서는 철포(鐵砲), 중국에서는 조취포(鳥嘴砲)라는 이름으로 불렸는데, 우리나라에서는 나는 새도 맞힌다고 하여 조총(鳥銃)이라 했습니다. 나중에는 화승총이란 이름으로 널리 불렸습니다. '무뎃포'는 앞뒤 생각 없이 행동하는 모양을 가리키는 일본어입니다. 여기서 뎃포가 바로 철로 만든 총이란 뜻입니다. 총도 없이 전쟁터에 나간다는 말이죠. 그런 말이 생길 정도로, 조총은 일본의 역사를 바꿔 놓았습니다.

● 부모님이 돌아가셔서 상중에 있는 사람

의로운 양반의 새로운 도전

"저 총은 어찌하여 저렇게 멀리까지 나가지? 게다가 정확하게 맞히다니, 정말 놀랍구나."

정사준은 일본군의 신무기인 조총의 위력에 가슴이 답답했습니다. 조총이 불을 뿜을 때마다 우리 군사들과 백성들이 낙엽처럼 쓰러지는 것을 보며 조선도 그와 같은 무기를 갖추어야 한다는 생각에 마음이 바빴습니다.

임진왜란이 일어났을 때 정사준은 상제●의 몸이었습니다. 엄격한 유교 국가였던 조선에서는 부모님이 돌아가시면 삼년상을 치르는 동안 행동거지를 여간 조심하지 않습니다. 무덤 옆에 풀로 집을 짓고 지내며 바깥일을 하지 않는 경우도 많았습니다.

하지만 정사준의 생각은 달랐습니다. 자식 된 도리도 중요하지만 그보다 중요한 것이 백성의 도리요, 나라를 구하는 일이라고 생각했습니다. 그리하여 정사준은 자신뿐 아니라 형제들과 사촌들, 집에 부리던 종들까지 모두 이끌고 집을 나섰습니다. 군량미 천 석을 수레에 싣고 말입니다.

정사준의 불 같은 의협심 안에 숨어 있던 또 다른 재능이 빛을 발한 것은 전쟁을 맞으면서였습니다. 사실 조선은 과학자나 기술자를 대접하는 사회가 아니었습니다. 글을 중시하고 과학 기술 따위는 양반이 할 일이 아니라고 생각했습니다. 양반이었던 정사준은 과학 기술에 대한 열정을 포기해야 했습니다. 그러나 전쟁은 결국 과학 기술의 싸움이기도 하다는 것을 깨닫자 양반 체면을 생각할 때가 아니란 것을 알았습니다. 조선은 활도 대포도 일본에 뒤지지 않았지만 조총에는 속수무책인 것을 보았기 때문입니다.

　정사준은 조총과 같은 무기를 반드시 만들어 내리라 결심했습니다. 그는 자신의 생각을 이순신에게 털어놓았습니다.
　"우리도 조총을 만들어야 합니다."

전쟁을 경고한 소 요시토시

소 요시토시는 쓰시마섬(대마도)을 다스렸던 일본 소(宗)씨 가문의 권력자로, 우리나라 기록에는 종의지(宗義智)라는 이름으로 전하기도 합니다. 당시 쓰시마섬은 일본과 조선 양쪽을 상대로 무역을 해서 재미를 보았기 때문에, 소 요시토시는 전쟁이 일어나는 것이 달갑지 않았습니다.

• 일본 각 지방의 영토를 다스리던 권력자.

•• 힘이 아주 센 사람을 일컫는 말. 항우는 중국 진나라 때 천하를 호령하던 장수입니다.

사람들 속에 있는 재능을 눈여겨볼 줄 아는 이순신은 정사준을 격려했습니다. 그리고 그를 돕겠다고 약속했습니다.

일본군의 신무기 조총은 포르투갈 상인에게 사들인 조총 두 자루에서 처음 시작되었습니다. 일본은 조총의 힘으로 어지럽게 나뉘어 있던 나라를 통일해 냈고 조선은 물론 명나라까지 위협할 만큼 성장했습니다. 조총은 단순히 무기만이 아니라 일본의 국력이었지요.

조선도 조총을 만들 기회가 없었던 것은 아닙니다. 1589년에 쓰시마섬의 다이묘•였던 소 요시토시는 조정에 조총 두 자루를 바치면서 전쟁이 일어날 것이라고 경고했습니다. 하지만 조선의 관리 중 누구도 그 중요성을 깨닫지 못했습니다.

전쟁 초기에 조총의 위력에 놀란 조정 대신과 선조 임금은 그제야 크게 후회하였습니다.

"전쟁에서 화약 무기만 한 것이 없다. 제아무리 항우장사••가 다시 태어난다 해도 당하지 못할 것이다. 어서 빨리 우리도 조총과 같은 것을 가져야 한다."

그렇다고 우리에게 조총과 같은 개인용 총이 전혀 없었던 건 아닙니다. 개인용 화약 무기인 '승자총통'이 있었습니다. 1583년부터 5년여간 두만강 너머 여진족이 국경을 넘어 조선을 괴롭힐 때 등장한 신무기가 승자총통입니다. 그 효과를 본 조정은 얼마나 자신감이 넘쳤는지 승자총통만 있으면 세상을 지배할 수 있을 거라고 거침없이 말하기도 했지요.

하지만 정작 임진왜란이 벌어지자 승자총통은 아무짝에도 쓸

모가 없었습니다. 승자총통은 말을 타고 다니는 여진족을 상대할 때는 매우 효과적이었습니다. 그러나 일본군은 기마병이 아니었습니다. 승자총통은 크고 무거웠습니다. 반발력도 커서 한 번 쏘고 나면 다들 나자빠졌습니다. 게다가 소모되는 화약도 대포 못지않게 많았습니다.

신분을 넘어선 의기투합

여수의 선소 유적지에는 지금도 작은 대장간이 남아 있습니다. 그 규모가 너무 작아서 도무지 일본군을 무너뜨린 이순신 함대의 무기들을 만든 곳이라고 믿기지 않을 정도입니다. 하지만 임진왜란이 일어났을 때 이곳에서는 신분이 서로 다른 사람 다섯이 모여 조총의 비밀에 도전하고 있었습니다. 그들을 이끈 사람이 바로 정사준입니다.

정사준은 버려져 무기 창고에 수두룩하게 쌓여 있는 승자총통을 보자 한숨이 나왔습니다.

"그토록 침이 마르게 칭찬받던 승자총통이 어쩌다 이런 신세가 된 것일까?"

승자총통은 흔들리는 배 위에서 써먹기는 더더욱 어려웠습니다. 멀리 나가지 않으니 먼 거리에선 대포만 못하고 가까운 거리에선

승자총통

우리나라의 화약 무기는 조선 세종 임금 때 《총통등록》을 통해 규격화됩니다. 이때까지 모든 총통은 화살을 넣고 쏘는 방식이었습니다. 1579년 전라좌수사 김지는 화살 대신 탄환을 넣는 개인용 화약 무기인 승자총통을 만들었습니다. 이전보다 사용하기 훨씬 편리하고 사거리나 정확도도 높았지만 그때는 평화로운 시대라 필요가 없어서 무기 창고에서 잠자고 있었습니다. 얼마 못 가서 두만강 너머 여진족이 기승을 부리기 시작하면서 진가를 발휘했습니다. 신립 장군이 녹슨 승자총통을 들고 나가 싸워 이겼다는 이야기가 전해지고, 이일도 승자총통에 힘입어 여진족에게 승리했습니다. 그러자 임금은 전국 사찰의 종을 녹여 승자총통을 만들게 했고 임진왜란에서도 승자총통으로 이길 거라 자신했습니다.

승자총통(현충사)

조총에 맞서는 법

경상남도 의령 땅에서 임진왜란을 맞은 홍의장군 곽재우는 의병을 모아 일본군을 무찔렀습니다. 어떤 비결로 그들을 무찌를 수 있었을까요?
활로는 도저히 조총을 맞설 수 없다고 판단한 곽재우는 오랫동안 유심히 관찰했습니다. 그러다 조총은 한 발 쏘고 다음에 또 한 발 쏠 때까지 시간이 꽤 걸린다는 사실을 알아냈습니다. 또한 평균적으로 발사 거리가 얼마나 되는지 알아냈습니다.
곽재우는 그 사실을 이용했습니다. 즉, 조총을 쏠 때 얼른 몸을 숨겼다가 화약을 잴 동안 재빨리 나타나 활을 쏘는 전술이었습니다. 그러자 일본군은 조총을 쏘긴 했으나 헛발이 되었고, 결국에는 용감한 조선의 의병들에게 포위돼 도망가기 바빴습니다.

• 의무적으로 해야 하는 군대 생활.

쉴 새 없이 쏠 수 있는 활만 못했으니 승자총통이 탄생한 곳인 전라좌수영에서조차 아무도 찾지 않았습니다.

이순신은 일본군에게서 조총을 빼앗으면 정사준 일행에게 보내 연구할 수 있게 했습니다. 정사준은 조총을 분해해서 소승자총통과 비교해 보았습니다.

"조총의 길이는 소승자총통보다 훨씬 길고 총구멍의 크기는 절반에도 못 미치는구나. 이것이 조총의 비밀인가?"

"네. 총의 몸통이 길고 가늘수록 멀리 나가고 정확한 것 같습니다."

이필종이 말했습니다. 이필종은 군역*으로 수군에 들어온 평민이었지만 손재주가 뛰어난 대장장이였습니다. 그의 재주를 눈여겨보던 이순신에게 뽑혀 정사준과 함께 새로운 총통을 만들고 있었습니다.

"그런데 나리, 우리에게도 조총을 닮은 총통이 아예 없는 것은 아닙니다요."

안성이 머리를 긁적이며 말했습니다. 안성은 순천 출신의 노비로 전쟁 내내 총통을 많이 보았습니다. 그 곁에 있는 동지와 언복은 경상도에서 피난 온 노비들로, 절에서 종을 만들고 승자총통을 만들었던 경험이 있었습니다. 그들은 모두 신분으로 보면 양반인 정사준과는 비교가 안 될 만큼 낮았습니다. 하지만 당당히 정사준과 마주 앉아 자신의 의견을 말하기도 하고, 때로는 반박하기도 했습니다.

"조총을 닮은 총통이 있다고? 그게 무엇이지?"

잔뜩 기대에 부풀어 묻는 정사준의 질문에 안성은 한참을 주저했습니다. 그럴 만한 이유가 있었거든요.

이순신은 승자총통이 바다 위의 싸움에선 소용이 없다는 것을 이미 예견했습니다. 그래서 대포와 소승자총통을 준비하고, 거기에 더해 별승자총통을 특별히 제작해 두었습니다. 별승자총통은 승자총통보다 거의 1.5배나 길었고 소승자총통보다도 20센티미터는 더 길었습니다. 길이가 길고 총구가 작아서 멀리 쏠 수 있었지요. 하지만 치명적인 문제가 있었습니다.

"이걸 한번 보십시오. 이번 전투에서 수군들이 사용한 총통입니다."

안성이 자루에 담겨 있는 별승자총통을 우르르 쏟았습니다.

"아니, 이건!"

정사준도 믿을 수가 없는지 하나하나 훑어보았습니다. 수군들이 쓰던 가늘고 긴 별승자총통은 하나같이 구부러져 있었습니다.

"한두 번 쏘고 나면 이렇게 구부러져 버려서, 다시 녹이려고 여기 모아 둔 것입니다."

동지와 언복이 쏟아진 총통들을 다시 주워 담으면서 말했습니다.

"그렇다면 도대체 어찌해야 하는 것이냐? 가늘고 길면 휘어지고, 두껍고 짧은 승자총통은 소용이 없고……."

정사준은 답답한 마음에 한숨을 길게 쉬며 조총을 만지작거

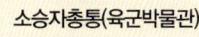

소승자총통

소승자총통(육군박물관)

승자총통의 위력을 본 뒤로는 아무도 화살을 사용하는 소총을 만들지 않았습니다. 조선 정부는 승자총통의 단점을 보완하는 데 힘을 기울여서 무게를 줄이고 화약량을 줄이면서도 사거리를 늘리고 명중률을 높이도록 독려했어요. 그 결과 총구멍은 작아지고 길이가 길어진 소승자총통이 만들어집니다. 소승자총통에는 우리나라 소총 역사상 처음으로 가늠쇠와 가늠자가 만들어지기도 했어요. 조준 사격이 가능해진 획기적인 총통이었죠.

렸습니다. 매끈하고 날렵한 총의 촉감이 차갑게 느껴졌습니다. 뭔가 분한 마음이 들었습니다.

정철총통을 만들다

  대장장이 일을 해 본 적이 없는 정사준으로서는 네 기술자들이 가진 풍부한 경험이 더없이 소중했습니다. 그래서 그들에게 묻고 생각하고 토론하는 일을 거듭했습니다.
 "가볍고 긴 조총이 전혀 휘어지지 않는 것은 아마 쇠로 만들었기 때문인 듯하다. 쇠로 만들어 보면 어떨까?"
 "쇠로 만든다고요?"
 다들 놀랐습니다. 그때까지 모든 총통을 청동으로 만든 것은 다 이유가 있었습니다. 대포든 개인용 소총이든 모두 흙으로 만든 틀에 녹인 금속을 부어 만듭니다. 이런 방식을 주조법이라고 합니다. 주조법으로 총통을 만들 수 있는 금속은 구리에 주석을 섞어 만든 청동뿐이었습니다.
 "쇳물을 부어 만들면 이렇게 무른 쇠가 됩니다."
 누군가가 쇳덩이 하나를 가져다 망치로 두드렸습니다. 쉽게 부서졌습니다.
 "허. 이렇게 약하다니……."
 정사준은 부스러진 쇳조각을 손에 쥐고 한숨을 쉬었습니다.

그런데 아무리 보아도 조총은 쇠로 만든 것이 분명했습니다.

"여기 봐라, 이음매가 있지 않느냐? 이것은 틀에 부어 만든 것이 아니란 걸 보여 주는 것 같은데, 어떠냐?"

그러자 모두들 조총을 들고 살피기 시작했습니다.

"이건 아무래도 쇠를 두들겨서 만든 것 같습니다."

"두들겨서?"

"네. 쇠는 두드리면 두드릴수록 강해집니다. 이 쇠는 벌겋게 달군 상태에서 수없이 두드려 모양을 둥글게 만든 것입니다. 그래서 이렇게 얇고 강한 쇠가 된 것 같습니다."

이렇게 만드는 방식을 단조법이라고 합니다.

"오호라!"

정사준이 감탄했습니다.

"아무 쇠나 두드린다고 다 강해지는 것은 아닙니다. 보십시오. 조총은 아주 얇습니다. 이 정도까지 두드려도 견디는 쇠라야 합니다."

이필종이 어두운 낯빛으로 말했습니다. 오랜 시간 동안 대장장이 일을 해 온 터라 쇠에 대해서는 모르는 게 없었습니다.

"그럼 그런 쇠를 구해 오면 되지 않겠느냐?"

"하지만 그런 쇠는 저희 같은 시골 대장장이는 본 적도 없습니다. 그런 쇠가 있다는 말을 듣기는 했습니다만……."

"오! 있긴 있다는 얘기구나. 그럼 되었다. 그 쇠가 무엇이냐?"

"듣기로는 정철이라는 쇠가 있다고 합니다. 그 쇠라면 견뎌

낼 것입니다."

"정철이라는 쇠!"

철은 자연에서 철광석으로 발견됩니다. 철광석 안에 있는 철을 빼낼 때 탄소가 남아 있으면 마치 연필심처럼 물러집니다. 그래서 가마솥이나 농기구를 만들 수 있긴 하지만 두드릴 수가 없습니다. 이런 쇠를 무른 쇠라 하여 무쇠라고 합니다.

탄소를 다 제거한 쇠를 강철이라고 하는데 당시에는 정철이라고 불렀습니다. 이것을 두드리면 강한 쇠가 됩니다. 조선에서는 철광석을 캐내면 정해진 철장에서 정철로 만들어서 나라에 바쳤습니다. 전쟁 중에 이 쇠를 구하는 게 쉬운 일은 아니었지만, 그런 것이 문제가 될 수는 없었습니다.

정사준은 이순신의 도움으로 정철을 구해 왔습니다. 안성, 동지, 언복, 이필종은 혼신의 힘을 다해 젓가락 크기의 쇠막대 위에 빨갛게 달군 정철을 감싸서 두드렸습니다.

탕탕탕. 탕탕탕. 수없이 두들기고 달구고 다시 두들기는 소리가 전라좌수영의 밤과 낮에 가득했습니다. 과연 성공할 수 있었을까요?

이순신은 정사준이 들고 온 총통을 꼼꼼히 살펴보았습니다. 매끄럽고 가벼웠습니다.

"정철로 총통을 만들었다고?"

"네. 정철을 두드려서 총통을 만들었습니다. 휘어지지도 않고 멀리 나갑니다."

"그래. 장하구나."

정사준은 조심스럽게 화약을 넣고, 다시 흙으로 빚은 토격을 넣고 탄환을 넣었습니다. 토격은 화약이 폭발한 힘을 크게 해 주는 장치입니다. 그리고 화약에 불을 붙였습니다.

쾅! 폭발음과 함께 탄환이 멀리멀리 날아갔습니다. 총통이 가벼워 반발력도 강하지 않았고, 무엇보다 전혀 휘어지지 않았습니다. 조총에 버금가는 성능을 갖춘 총이 탄생한 것입니다. 이순신은 매우 흡족하여 이렇게 보고했습니다.

"몸통도 잘 만들어졌고, 총알이 나가는 힘이 조총과 똑같습니다. 적을 막는 무기로 이보다 좋은 것이 없습니다."

이 총에는 '정철로 만든 총통', 즉 정철총통이라는 이름이 붙었습니다. 정철총통이 완성되자 이순신은 이 총을 여러 곳에 보냈습니다. 그러면서 만들기도 쉽고 만드는 데 시간도 많이 안 걸리면서도 성능이 조총에 버금간다는 점을 강조해서 알렸습니다. 도원수* 권율에게도 한 자루를 보내 같은 모양으로 만들어서 사용하도록 했고, 조정에도 다섯 자루를 보내 전국에서 제작해 사용할 수 있도록 조치를 취해 달라고 청했습니다.

정철총통은 과연 조선 최고의 개인용 화약 무기로 인정받았을까요?

• 전쟁이 났을 때 임시 총사령관.

과학 기술에 투자하라

조총의 위력에 눈을 뜬 정부 관리들과 선조 임금은 조총 제작을 북돋았습니다. 명나라 사람이든 일본군 포로든 가리지 말고 제작법을 알고 있는 사람을 찾아내 배우라고 할 정도였습니다. 심지어 선조 임금은 직접 비망기**를 내려서 조총 제작법을 알아낸 사람을 당상관으로 승진시키라고 하였습니다. 당상관은 조선 시대에 가장 높은 벼슬이었습니다. 과학 기술력에 대한 대가가 이보다 더 좋은 경우는 거의 없을 정도였습니다.

정철총통은 조총과 똑같지 않기 때문에 인정받지 못한 것

•• 임금의 명령을 적은 문서.

같습니다. 따라서 정사준은 당상관에 오르지 못했습니다. 조총에 버금가는 총을 개발했는데도 포상은 시원치 않았던 것이죠. 그렇다면 이순신이 별 볼일 없는 발명품에 호들갑을 떨었던 것일까요?

이순신은 정철총통이 완성됐다고 보고하면서 제작에 참여한 모든 사람들에 대한 포상을 부탁했습니다. 정사준 같은 양반은 물론이고 평민인 이필종과 심지어 노비 신분이었던 언복, 동지, 안성의 이름까지 일일이 적어서 말입니다. 조선 시대에 노비는 백성이 아니었습니다. 세금도 내지 않았고, 군대에 갈 수도 없었으니까요. 노비는 그냥 누군가의 재산이었습니다. 그런데도 이순신은 그들의 이름을 적어 올렸습니다.

"각별히 상을 내리셔서 감격하여 열심히 일하게 하고 모두들 다투어 본받아 만들도록 함이 좋지 않을까 합니다. 삼가 갖추어 아뢰옵니다."

보고서는 이렇게 끝을 맺습니다. 언뜻 보면 이것은 상에 눈이 먼 장군의 호들갑처럼 보입니다. 하지만 그 안에 감추고 있는 진실은 다릅니다. 정철총통을 이렇듯 치켜세우고 상을 내리길 바랐던 이순신의 속마음은 무엇이었을까요?

조총을 만들 수 있는 기술력은 하루아침에 하늘에서 떨어지지 않습니다. 기초 과학 기술에 대해 아무런 정성도 쏟지 않으면서 임금이 특별히 비망기까지 내려 조총 기술자를 찾는 것은 우물에서 숭늉 찾는 격입니다. 일본군 포로를 귀화시키거나 명나라 기술자를 찾아내는 방법밖에 없지요. 외국에서 과

정철총통은 조총이 되었을까?

서양에서 만들어진 조총이 일본에 전해진 것은 1543년 8월 다네가시마란 작은 섬에 포르투갈 배가 표류하면서부터입니다.

조총의 핵심 부품은 나사입니다. 철을 두드려 만든 몸통의 뒷부분을 암나사와 수나사로 조여 충격을 흡수할 수 있었습니다. 충격이 작으니 조준 사격에도 유리합니다. 일본의 대장장이가 포르투갈 사람들로부터 배운 것이 바로 나사의 제조법이었습니다.

정철총통은 나사를 이용하지는 않았으므로 엄밀하게는 강철로 만든 소승자총통이라고 할 수 있습니다.

학 기술자를 데려오는 것과 같습니다.

이순신 장군은 정사준이 만든 정철총통을 널리 보급하길 원했습니다. 만들기도 쉽고 성능도 우수한 정철총통을 전국에 보급하면 백성들이 매우 자랑스러워할 것입니다. 우리나라의 우수한 기술에 놀랄 것이고, 게다가 후한 상까지 받았다는 소문이 난다면 숨은 과학 기술자들이 너도나도 앞다퉈 총을 만들 것입니다. 그렇게 되면 곧 연구와 실험은 성과를 낼 수 있을 것입니다. 일본과의 전쟁은 무려 7년이나 끌었으니까요.

서양의 과학자 갈릴레이는 망원경을 발명해서 군대에 팔아 큰돈을 벌었다고 합니다. 과학 기술은 사명감이 아니라 돈과 명예가 뒤따라도 충분히 발전할 수 있습니다.

정부 관리나 선조 임금이 읽지 못했던 장군의 진심은 바로 이것이었습니다. 이순신이 올린 장계는 어쩌면 무능한 조정을 향해 이렇게 말하고 싶었던 게 아니었을까요?

'전쟁에 이기고 싶다면 과학 기술에 투자하라!'

임진왜란 때 발명된 조선의 무기

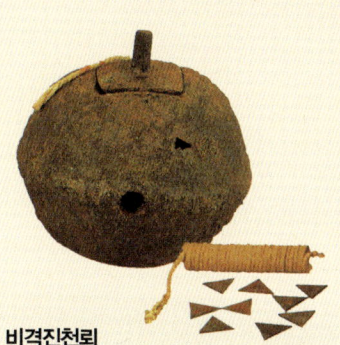

비격진천뢰

우리나라 최초의 대량 살상 무기라고 할 수 있습니다. 대포는 커다란 공을 여러 개 넣고 쏘았기 때문에 배나 성을 무너뜨리는 데 좋았지만 몰려드는 적들을 상대하기는 어려웠습니다.

하지만 비격진천뢰는 커다란 나무공 속에 쇳조각을 넣고, 그 안에 화약을 장전해서 쏘았습니다. 이렇게 되면 일단 날아가서 떨어진 다음이나 날아가는 도중에 폭발하고, 그 폭발의 힘으로 쇳조각이 사방으로 튀어 삽시간에 수많은 적들을 쓰러뜨릴 수 있었지요.

비천한 신분이었던 화포장 이장손이 발명한 무기로, 이 무기 때문에 일본군의 조총은 대규모 전투에서 힘을 잃었습니다.

사조구

기록에 따르면 이순신 장군이 발명한 것으로 보입니다. 갈고리라고 할 수 있는데, 바다에서 싸울 때 가까이 다가온 적의 배에 던져 잡아당기는 무기입니다. 명량해전 때 바닷물의 흐름이 세서 우왕좌왕하는 적선에 이 갈고리를 던져 하나씩 끌어다 깨뜨렸다고 합니다.

장병겸

낫 모양의 무기로, 이순신 장군이 발명했다고 전해집니다. 이 낫은 배의 밑바닥을 붙잡고 헤엄쳐 오는 적이나 전함에 기어오르는 적의 목을 베는 데 썼습니다. 낫의 길이는 48센티미터 정도고, 자루 길이는 426센티미터 정도입니다.

06 한산해전을 승리로 이끈
천재 전략가
이운룡

- 원균을 움직인 부하
- 경상도 앞바다를 지켜라
- 일본을 이길 유인 작전
- 세계를 놀라게 한 전투

원균을 움직인 부하

임진왜란이 일어나고 바로 뒤였습니다. 경상우수영이 있는 거제 앞바다에서 한 젊은 장수가 분노를 참지 못하고 군관 하나를 다그치고 있었습니다.

"뭐라고? 경상우수영 수군이 이미 해체됐다고?"

"예, 만호 나리. 우후* 나리께서 혹시 왜적들에게 빼앗길까 봐 100척이나 되는 배도 무기와 함께 바다 밑에 가라앉히고, 수군도 해체해 버렸습니다."

"원균 장군은?"

"왜적들 상황을 알아보러 나갔는데 아직 소식이 없습니다."

"이럴 수가……."

하늘이 무너지는 것 같았습니다. 이 젊은 장수가 훗날 이순신 장군이 자신의 후계자로 인정한 이운룡입니다. 이순신은 그에 대한 신임이 두터웠습니다. 자신의 경쟁자인 원균의 부하인데도 거리낌 없이 '나의 후계자는 이 사람이다'라고 말할 정도였지요.

1562년 경상북도 청도에서 태어난 이운룡은 1585년, 비교적 젊은 나이로 무과 시험에 합격해 북방에 파견됩니다. 그곳에서 조산보 만호 겸 녹둔도 둔전관으로 부임한 이순신을 만납니다.

• 정4품 무관 벼슬로, 수군절도사 바로 아래의 부사령관.

1587년 녹둔도 전투가 벌어졌을 때 이운룡의 재능이 빛을 발합니다. 공격을 직접 지휘하여 여진족을 꼼짝 못 하게 하는 한편 포로로 잡혀 있던 백성과 군사 60여 명을 구해 냈습니다. 이후 승진을 거듭해 1589년에 경상우수영에 속한 거제도의 한 포구인 옥포 만호로 부임합니다.

이운룡은 임진왜란이 일어났다는 소식을 듣자마자 옥포에서 경상우수영 본부로 한달음에 달려왔습니다. 그런데 기가 막히게도 총책임자인 원균 장군도, 다음 책임자인 우후도 없고, 배며 무기마저 바닷물 속에 잠겨 버렸다는 소식을 들은 것입니다.

일본군은 이미 부산에 상륙한 뒤 빠른 속도로 성을 함락하며 올라가고 있었습니다. 바다를 지키기 위해서라면 무슨 일이든 해야 했습니다. 시간이 많지 않았습니다. 이운룡은 주먹을 꽉 쥐었습니다. 이대로 주저앉을 수 없었습니다.

우선 가장 급한 일은 경상우수사 원균을 찾아내는 일이었습니다. 이운룡은 텅 빈 경상우수영을 뒤로 한 채 급히 말을 달려 바닷가 마을을 샅샅이 뒤지기 시작했습니다. 경상우수영 수군을 다시 살리기 위해서는 어떻게든 원균을 움직여야 했습니다. 그래야만 경상도 앞바다를 지킬 수 있다고 믿었습니다.

한편 경상우수사 원균은 전쟁이 나자마자 일단 상황을 살피러 나갔습니다. 그러나 그 사이에 부하 장수인 우후가 잘못 판단하여 무기와 배를 바다에 가라앉혀 버리고 수군마저 해체했던 것입니다. 그 소식을 듣고 한참 동안 넋이 나가 있던 원균은 궁리 끝에 마음을 정했습니다.

원균

원균은 무과에 급제하고 북방의 여진족을 무찔러 명성을 날린 후 전쟁 직전에 경상우수사에 올랐습니다. 이순신이 물러나고 삼도수군통제사 자리를 물려받은 뒤 조선 수군을 몰살시켰다는 이유로 비난을 많이 받았지만 원균은 용감한 장수였습니다.

선조 임금과 조정 대신들이 원균을 이순신의 경쟁자로 여긴 이유는 이순신은 신중하고 원균은 용맹하다는 점 때문이었습니다. 전쟁이 숨 고르기에 들어가서 몇 년째 답답한 상태가 되니 변화를 원했던 것입니다.

하지만 결과적으로 원균은 이순신의 경쟁자가 되지 못했습니다. 이순신이 맘에 안 든다는 이유로 능력 없는 사람을 그 자리에 앉힌 결과 결국은 원균도 죽고 나라도 큰 위기에 빠졌습니다.

녹둔도 전투와 이순신의 첫 번째 백의종군

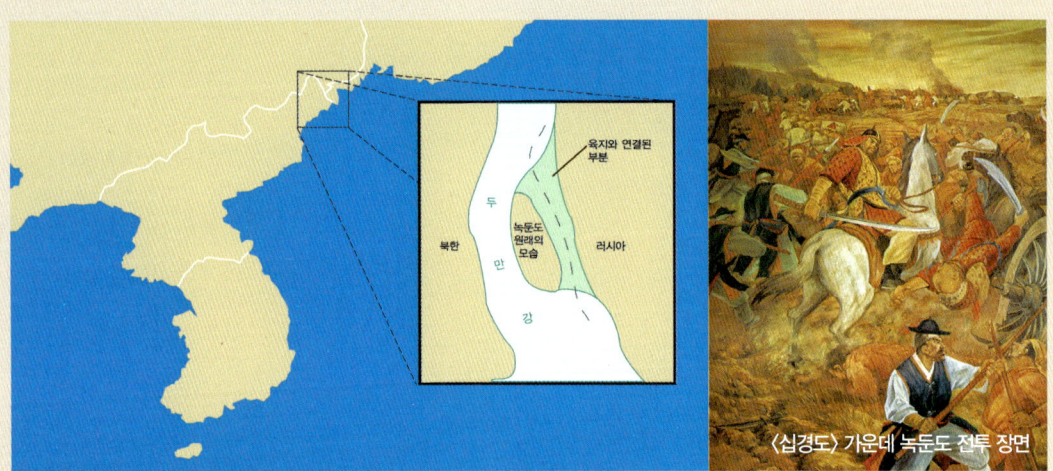

〈십경도〉 가운데 녹둔도 전투 장면

함경도 끝에 경흥이란 곳이 있습니다. 이곳은 두만강과 동해가 만나는 지점으로 지금은 모래톱이 밀려들어 육지와 합쳐져 러시아 땅에 속합니다. 지금으로부터 400여 년 전에는 그곳에 섬이 하나 있었습니다. 사슴섬이라 불렸던 녹둔도입니다. 1587년, 그러니까 임진왜란이 일어나기 5년 전에 그곳에서 녹둔도 전투가 벌어졌습니다. 함경도에 근무하는 군사들의 식량을 남쪽에서 가져오기 어렵게 되자 녹둔도에 새롭게 둔전을 만들었습니다. 둔전이란 식량을 스스로 해결하기 위해 직접 개간하는 농토입니다. 이 둔전을 지키기 위해 둔전관에 부임한 김경눌은 여진족이 무섭다고 도망쳐 버렸습니다.

그래서 그곳을 지키던 수비 대장인 조산보 만호 이순신이 둔전관을 겸하게 되었습니다. 여진족이 이곳의 곡식을 호시탐탐 노리고 있었지만 지킬 군사가 턱없이 모자랐습니다. 이순신은 함경북병사(함경북도 군사 총책임자) 이일에게 지원을 요청하였으나 거절당했습니다.

그해 10월 10일, 경흥 부사 이경록이 백성들을 이끌고 추수를 하러 왔습니다. 안개까지 앞을 가린 그날 여진족이 기습하여 순식간에 10여 명의 군사가 죽었고, 여러 필의 말을 빼앗겼을 뿐만 아니라 106명이나 포로로 잡혀 버렸습니다. 섣불리 싸우다 몰살당할 상황이어서 이순신과 이경록은 녹둔도에서 가장 높은 언덕에 올라갔습니다. 그리고 안개가 걷히자마자 대포를 쏘며 맹공을 퍼부었습니다. 그때 전술의 귀재인 스물다섯 살의 젊은 무관 이운룡이 합세해 기습 공격을 가하자 여진족은 우왕좌왕하며 달아나기 바빴고, 그 틈에 60명의 포로를 구해 냈습니다.

그런데 북병사 이일은 자칫 자신에게 화가 미칠까 염려한 나머지 이순신의 잘못으로 여진족의 공격을 당했다는 거짓 보고서를 올렸습니다. 이 보고서에 따르면 이순신과 이경록은 패장으로서 책임을 져야 했습니다. 전투에서 크게 패한 경우 사형을 당하기도 했습니다.

그러나 함경도에 있었던 온성 부사 이억기가 조정에 진상을 알려 재조사가 이루어졌고, 감사가 내려와 알아본 끝에 "전쟁에서 패배한 사람과는 차이가 있다. 백의종군으로 공을 세우게 하라"는 결정을 내렸습니다. 결국 이순신과 이경록 두 사람은 곤장을 맞고 벼슬을 잃고 일개 병졸 신분으로 여진족 토벌대에 들어가 공을 세우게 됩니다.

'우선 몸을 맡길 성을 찾아가자. 그런 다음 다시 왜적과 맞서 싸울 방법을 찾아야지.'

원균이 피신할 곳을 찾아 허둥지둥 나아갈 즈음 갑자기 말을 타고 달려온 이운룡이 앞길을 막아섰습니다.

"장군, 어딜 가시는 길입니까? 장군께 남해 바다를 맡긴 것은 이곳을 지키다 죽으라는 뜻 아닙니까? 남해 바다를 잃는다면 전라도와 충청도로 가는 뱃길이 왜적들 손에 넘어가게 됩니다. 비록 수군이 해산되고 어려운 상황이지만 지금이라도 힘을 모아야 할 때입니다."

원균은 부끄러워 차마 고개를 들지 못했습니다. 이운룡은 평소 입이 무겁고 행동이 의젓해 위엄이 있는 부하였습니다. 잠시 후 원균이 고개를 들었습니다.

"지금 당장 군사들을 다시 소집하여 대열을 정비하자."

이운룡의 뜻을 받아들인 원균의 명령으로 경상우수영은 다시 살아났습니다. 비록 많은 것이 부족하지만 경상도 앞바다를 지킬 밑거름은 갖춘 것입니다.

경상도 앞바다를 지켜라

참으로 초라한 군대가 아닐 수 없습니다. 경상우수영을 다시 살려 냈다고는 하지만 배는 겨우 5척이고, 그나마 싸움배라 할

우치적

우치적은 일찍이 무과에 급제한 뒤, 임진왜란 당시에는 경상우수영 소속인 영등포(거제도) 만호로 일본군을 무찌르는 데 앞장서며 뛰어난 활약을 합니다. 1598년 노량해전에서 큰 공을 세웠고, 주요 무관 벼슬을 거친 뒤 1611년에는 삼도수군통제사에 올랐습니다.

수 있는 판옥선은 3척밖에 없었습니다. 이운룡과 우치적만이 이 어지러운 상황에서도 군사와 배를 지키고 있었습니다. 군사들의 사기는 땅에 떨어졌습니다. 일본군의 그림자만 봐도 무서워 떨 지경이었습니다.

"장군, 전라좌수사 이순신에게 구원을 요청하십시오. 그 길밖에는 없습니다."

이운룡은 원균에게 지금의 상황을 정성껏 설명했습니다. 자존심 때문에 망설이던 원균도 인정하지 않을 수 없었습니다. 원균은 즉시 보고서를 올렸습니다.

"경상우수영 아래 있는 수군을 모두 모아 바다로 나가 군사의 위세를 뽐내며 적선을 습격할 계획입니다. 전라좌수영에도 이 일을 알려 돕게 해 주십시오."

드디어 전라좌수사 이순신이 출전하기로 했다는 소식이 날아왔습니다. 이운룡은 안심했습니다. 그의 계획은 어느 정도 성공하는 듯했습니다. 하지만 상황이 금세 바뀌었습니다.

여수 앞바다에서 출전 준비를 마친 이순신은 계획을 취소한다는 명령을 내려야만 했습니다. 모든 일을 꼼꼼히 살피는 이순신답게 경상도 상황을 알아보기 위해 수군 이언호를 보냈는데, 그가 돌아와 다급하게 보고했기 때문입니다.

"경상우수영은 해체된 것이나 다름없습니다. 남은 군사와 배도 거의 없습니다."

배도, 군사도, 무기도 없으면서 거짓말을 하는 원균의 말을 믿고 함부로 출전했다가 자신들이 가지고 있는 23척의 판옥선마저 잃는다면 정말 큰일이 아닐 수 없었습니다.

이순신이 출전하지 않는다는 소식을 전해 들은 경상우수영은 초상집이나 다름없었습니다. 자신의 처지를 비관한 원균의 눈에서 눈물이 쏟아졌습니다. 그 모습을 지켜보던 군사들도 따라 울었습니다. 앞에서는 시시각각 일본군이 다가오는데 뒤에서 이순신마저 도와주지 않는다면 패배는 불 보듯 뻔한 일이었습니다. 그러니 이제 아예 수군을 해체하고 저마다 가까운 성이나 포구를 찾아가 합류하는 수밖에 없었습니다.

하지만 이운룡은 절대 포기할 수 없었습니다. 경상도 앞바다를 포기한다면 일본군은 조선을 제 집처럼 맘 놓고 드나들 게 뻔했기 때문입니다.

"반드시 전라좌수사 이순신을 불러들여야 합니다."

"허나 그가 오지 않겠다고 하는데 어쩌겠느냐!"

원균이 답답한 듯 말했습니다.

"전라좌수영에서 가장 가까운 소비포 권관* 이영남을 보내서 다시 한번 요청해야 합니다."

* 종9품의 하급 무관.

"그가 간다고 뾰족한 수가 있겠느냐?"

"이영남은 반드시 이순신을 데리고 올 것입니다."

단호한 이운룡의 말에 원균은 하는 수 없이 이영남을 이순신에게 보내 다시 한번 구원을 요청하기로 했습니다.

이운룡은 이순신과 녹둔도 전투를 함께했습니다. 또 이영남과는 나이도 같고 무과 급제도 같은 해에 했습니다. 두 사람을 잘 알기에 이영남이라면 해낼 것이고, 이순신이 도우러 올 것이라고 믿었습니다.

"전라좌수사 이순신에게 지금이 아니면 왜적을 칠 수 없다고 말해라. 적들은 지금 모든 힘을 육지로 쏟고 있어서 수군은 약하다. 게다가 우리 수군이 대응하지 않은 지 오래라 방심하여 뿔뿔이 흩어진 채 노략질에 정신이 팔려 있다. 이때 그들을 하나하나 찾아내 치지 않으면 안 된다. 지금처럼 그냥 내버려두면 일본군은 금세 자신들의 전력을 바다에 집중할 것이다. 그때는 정말 누구도 승리를 장담할 수 없다."

이운룡은 이영남에게 상황을 세세히 말해 주었습니다. 그리고 이순신의 성격과 습관이 어떠한지까지 자세히 일러 주었습니다. 그런 다음 이렇게 다짐을 받아 두었습니다.

"이순신을 설득하기 전에는 아예 이곳으로 돌아올 생각을 하지 마라."

이영남의 배가 이순신이 있는 여수를 향해 떠났습니다. 그 배에 경상도 앞바다의 운명이 실려 있었습니다. 결과는 역시 이운룡의 예상대로였습니다. 애타게 기다리던 경상우수영으로 이순신의 출전 소식이 날아들었습니다. 이순신은 이운룡의 판단과 계획을 받아들인 것입니다.

그리하여 역사적인 5월 4일 새벽 2시. 여수의 전라좌수영을 출발한 이순신 함대는 물귀신 어영담의 길 안내로 날아갈 듯 경상도 앞바다에 닿았습니다. 경상도 앞바다를 활개 치고 다니던 일본군은 느닷없이 나타난 이순신 함대 앞에 차례로 무릎을 꿇었습니다.

일본은 더 이상 조선 수군을 무시할 수 없었습니다. 하는 수 없이 군사를 나누어 육지에 몰려 있는 군대 일부를 바다로 보냈습니다. 그러자 국경까지 밀려났던 조선의 육군도 한숨을 돌릴 수 있었습니다.
　이렇게 이운룡은 당대의 내로라하는 두 장수를 한꺼번에 움직여 나라를 구할 발판을 마련했습니다. 천재 전략가답게 원균에게 힘을 모아 주고, 이순신을 경상도 앞바다로 끌어들여 바다를 지켜 낸 것입니다. 이순신의 후계자로서 손색이 없는 이운룡의 진정한 가치는 다가올 한산대첩에서 꽃피우게 됩니다.

일본을 이길 유인 작전

한산해전을 앞둔 1592년 7월 초 어느 밤, 이운룡은 깊은 생각에 잠겼습니다.

일본군은 그동안 바다 전투에서 패한 것을 복수하겠다고 다짐하며 가장 강한 수군을 집결해 놓은 상태였습니다. 두 나라가 정면으로 맞붙어 싸운다면 조선 수군의 피해도 엄청날 것입니다. 이운룡은 그와 같은 불행을 막을 비책이 있었지만 이순신에게 건의하기가 곤란했습니다.

이순신은 한산해전의 총지휘를 맡고 있었고, 이운룡은 원균의 부하였습니다. 안타깝게도 원균과 이순신은 사이가 좋지 않았습니다.

둘의 사이가 나빠지기 시작한 것은 일본군 시체의 귀 때문이었습니다. 옛날에는 적의 귀를 잘라 썩지 않게 소금에 절인 후 독이나 상자에 넣어 조정에 보내면 그 숫자만큼 공을 세운 것으로 인정받았습니다. 이순신은 싸움을 총지휘하느라 겨를이 없어 그 일을 원균에게 맡겼습니다. 그런데 원균은 모든 공로가 자신의 것인 양 보고했습니다. 이 사실을 알게 된 이순신은 그 다음부터 아예 원균을 제쳐 놓고 조정에 보고서를 쓰기 시작했습니다. 그랬더니 이번에는 원균이 화를 냈습니다.

"전라도 수군인 주제에 경상도 앞바다에서 공을 세운 것이 누구 덕인지도 모르고 공을 혼자 독차지하려 하다니!"

그때부터 원균은 틈만 나면 이순신에 대해 불평을 늘어놓기 시작했습니다. 원균과 이순신의 다툼은 두 사람 모두 전사할 때까지 계속 이어지며 숱한 이야기를 남겼습니다.

이러다 보니 이운룡은 자신이 모시고 있는 장군의 경쟁자를 찾아갈 수 없었습니다. 이순신도 원균의 부하라는 이유로 자신의 말을 받아들이지 않을 거라 생각했습니다. 이운룡은 밤늦도록 잠들지 못한 채 서성거렸습니다.

그날 밤 잠을 못 이룬 또 한 명의 장수가 있었습니다. 바로 이순신이었습니다.

이순신은 이번 출전에 학익진을 쓸 생각이었습니다. 우리 쪽 피해를 줄이면서 적에게 치명적인 패배를 안겨 줄 진법입니다. 학익진은 반드시 넓은 바다를 등지고 있어야 성공할 수 있습니다. 전라좌수영 수군들은 여수 앞바다에서 이미 배를 돌리고 진법을 만드는 훈련을 해 왔습니다.

하지만 일본군은 거제도 앞바다에 웅크리고 꼼짝도 하지 않고 있었습니다. 이순신 함대에게 하도 당하다 보니 매우 조심스러워진 것입니다. 게다가 그들 앞에는 견내량이라는, 폭이 약 180미터도 못 되는 좁은 바다가 가로막고 있었습니다. 적들을 견내량으로 빠져나오게 해서 넓은 바다로 유인하는 것만이 유일한 방법이었습니다.

그러기 위해서는 견내량을 자유롭게 드나들 수 있는 장수가 있어야 했습니다. 이순신 함대의 장수들은 견내량을 잘 몰랐습

학익진은 언제 구상했을까?

이순신은 한산대첩을 앞두고 두 나라 배의 장단점에 대해 나대용, 정걸 장군 등과 함께 오랫동안 연구한 것으로 보입니다. 이러한 연구를 바탕으로 전라좌수영 먼저 단독으로 훈련한 뒤, 7월 4일 전라우수영의 이억기 장군과 검토하여 다음 날인 5일에 여수 앞바다에서 훈련을 했습니다. 그리고 경상우수영의 원균 장군을 만나 6일에 다시 검토한 뒤, 기회를 엿본 것으로 보입니다.

따라서 주력군인 전라좌수영은 강도 높은 훈련을 통해 도망치는 척하다가 돌아서는 데 필요한 시간을 최대한 단축시켰습니다. 경상우수영은 유인 작전을, 전라우수영은 섬 사이에 숨어 있다가 학익진을 펼치도록 돕고, 혹시 뒤에 숨어 있을지도 모를 적을 찾는 역할을 했을 것입니다.

한산대첩

학익진이란 말을 풀이하면 '학 날개 모양의 진법'이란 뜻입니다. 달아나다 돌아서서 반원형으로 군사를 정렬시키고 원의 중심에 적을 가두고 공격하는 전술입니다. 이렇게 되면 우리 군은 한곳으로 집중해서 대포를 쏠 수 있기 때문에 공격이 쉽지만 적군은 사방을 향해 쏘아야 하기 때문에 맞히기가 어렵습니다. 이 학익진에 갇히면 단 한 군데밖에 도망갈 길이 없습니다. 이순신 장군은 이곳에도 저승사자를 배치해 두었습니다. 한산섬으로 도망친 일본군들은 이 저승사자를 만나 거의 살아남지 못했습니다.

학익진은 오랜 연습 없이는 펼치기 힘든 전술입니다. 이순신 장군이 이끄는 전라좌수영 군은 전쟁을 앞두고 미리 갈고 닦았을 것입니다. 그래서 이날 전라좌수영 군이 도망치는 듯하다 돌아서는 진법을 펼치고 전라우수영 군과 경상우수영 군은 전라좌수영 군이 돌아올 자리를 비우고 미리 대기하고 있었을 것으로 보입니다. 견내량 주변은 폭이 좁고 바다의 수심이 얕아서 판옥선이 들어갈 수 없었기 때문에 한산도 앞까지 유인해 올 수밖에 없었습니다.

니다. 어디에 암초가 있는지, 어디가 물살이 빠른지, 혹은 느린지 말입니다. 그러니 까딱하다간 유인은커녕 목숨을 잃을 수도 있습니다.

경상우수영 소속 장수들이야 견내량 바다를 손바닥 보듯 알고 있었지만, 이순신이 원균에게 그 위험한 일을 요청하긴 어려웠습니다. 안 그래도 사이가 나쁜데 이렇게 청을 했다간, '공은 이순신이 세우고 목숨은 우리에게 내놓으란 말인가.' 하고 반발할 게 뻔했으니까요.

이러지도 저러지도 못한 채 고민에 싸여 있던 어느 늦은 밤, 이운룡이 이순신을 찾아왔습니다.

"적들을 견내량 밖으로 어떻게 끌어내야 할지 알고 있습니다."

이운룡은 비장하게 말했습니다.

"적들은 함부로 움직이지 않을 것이다."

"그들은 지금 작은 공이라도 세우려고 할 것입니다. 최대한 가까이 가서 잡힐 것처럼 보여야 합니다. 제가 목숨 걸고 작전을 성공시킬 자신이 있습니다."

이운룡은 견내량을 매일같이 드나들었기 때문에 누구보다 자신 있었습니다.

이순신은 이운룡의 말을 듣고 너무 기쁜 나머지 이운룡의 손을 덥석 잡았습니다. 원균의 부하인 그가 이렇게 스스로 나서니 가슴을 짓누르던 고민이 사라졌습니다.

"자네에게 나라의 운명이 달려 있네!"

이운룡 또한 매우 기뻤습니다. 이순신이 아무런 거리낌 없이 자신의 생각을 받아들였기 때문입니다.

사실 이운룡이나 이순신 모두 조선의 장수였습니다. 경쟁자의 부하라고 편 가를 이유가 없었지요. 그러니 이순신은 이운룡을 자신의 후계자라고 말할 수 있었던 것입니다. 두 장수가 의기투합한 한산해전은 이렇게 해서 세계를 깜짝 놀라게 한 싸움이 되었습니다.

세계를 놀라게 한 전투

1592년 7월 8일, 운명의 날이 밝았습니다. 전날 하루 종일 불었던 샛바람도 다행히 잦아들고 바다는 평온해졌습니다. 한산섬 앞에 도착한 조선의 연합 함대 58척 앞에는 다닥다닥 붙은 섬들과 푸른 바다가 아름답게 펼쳐져 있었습니다. 견내량 건너편에는 적의 배 73척이 으르렁거리고 있었습니다.

이운룡이 지휘하는 6척의 배는 견내량 건너편으로 넘어가 적을 잔뜩 약 올린 뒤 유유히 빠져나왔습니다. 결코 움직일 것 같지 않아 보이던 일본의 함선이 신기하게도 조선 수군의 배를 쫓기 시작했습니다. 일본 수군은 그동안 지기만 했던 터라 독이 잔뜩 올라 있었고, 그들의 자존심을 자극하기 위해 최대한 적진 깊숙이 배를 몰았던 작전이 맞아떨어졌습니다.

학익진을 가능하게 한 U자형 배

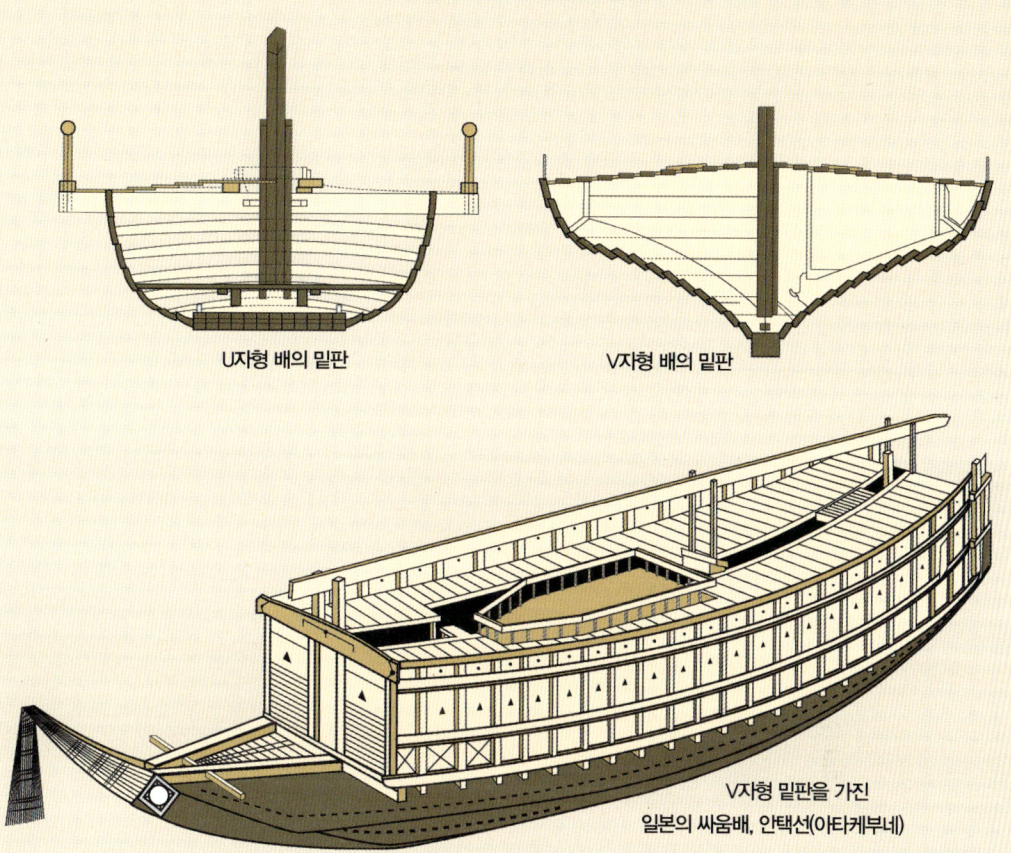

U자형 배의 밑판

V자형 배의 밑판

V자형 밑판을 가진
일본의 싸움배, 안택선(아타케부네)

우리나라 남해와 서해는 수심이 얕고, 물살의 변화가 심한 편입니다. 그래서 배를 쉽게 돌리도록 배의 바닥을 U자형 곡선 모양으로 만들었습니다. 학익진을 펼치는 게 가능했던 것은 이 때문입니다.

하지만 일본은 주변 바다의 수심이 깊고, 멀리까지 나가서 해적질을 해야 하기 때문에 무엇보다 속도가 빠른 배가 필요했지요. 따라서 배의 밑판을 V자형으로 만들었습니다. 이런 V자형 배로 학익진을 쓴다면 뱃머리를 돌릴 때 바닷물에 밀려 배가 기울거나 흔들려 성공할 수 없습니다.

게다가 우리 배는 판자와 판자를 이을 때 나무못을 쓰기 때문에 뱃머리를 아주 자연스럽게 돌릴 수 있습니다. 그러나 일본 배는 쇠못이라 유연하지 못해서 빨리 돌리기 어렵습니다.

결국 일본의 장수는 학익진 같은 것은 상상도 못 했고, 이순신은 그런 일본의 허점을 노린 것입니다. 과학적 지식이 없다면 절대로 구상할 수 없는 전술이지요.

학익진을 그린 그림

가운데 큰 판옥선이 기함이고 푸른 갑판의 배들은 거북선입니다. 이 그림은 임진왜란 이후 통제영 훈련을 그린 것으로 이때는 거북선이 많았으나 실제로 한산대첩에 사용된 거북선은 2척이었습니다.

'옳거니!'

멀리서 이 모습을 본 이순신의 눈빛이 번쩍거렸습니다.

6척의 배가 쫓기자 조선의 연합 함대가 돕기 위해 다가섰습니다. 그러자 견내량 너머 일본의 싸움배 73척이 드디어 움직였습니다. 조선의 함대는 마치 놀라서 도망가듯이 뱃머리를 돌려 죽자 사자 배를 몰았습니다. 그걸 본 일본 배들은 맹렬하게 뒤쫓기 시작했습니다. 뒤처진 배 몇 척이라도 잡아 자존심도 지키고 사기도 올리고 싶었던 것입니다.

한산섬 입구에는 수줍은 사자처럼 마주 보고 있는 두 개의 작은 무인도가 있습니다. 상죽도와 하죽도였습니다. 이 한 쌍의 섬 바로 앞까지 배를 몰아 달아나는 조선 수군의 머리 위로

진법 훈련을 묘사한 〈수조도병풍〉 일부(통영 충렬사)

하늘 높이 신기전이 터졌습니다. 그리고 북소리가 울렸습니다.
 두둥!
 갑자기 조선의 싸움배가 한꺼번에 멈춰 서서 뱃머리를 돌렸습니다. 북소리에 맞추어 배를 움직인 조선의 싸움배는 미끄러지듯이 부드럽게 반원형을 그려 나갔습니다. 조금씩 조금씩 진법이 만들어졌습니다. 바로 이것이 유명한 '학익진'으로, 세계가 깜짝 놀란 전략입니다. 대장선 위에 앉아 있던 일본군 대장 와키자카 야스하루가 자리에서 벌떡 일어섰습니다.
 와키자카는 조선 침략을 결정한 일본의 지배자 도요토미 히데요시가 가장 아끼는 부하로, 조선군에게 치욕을 안겨 준 인물입니다. 한산해전 바로 한 달 전인 6월 5일에 경기도 용인에

거영일기

이운룡도 이순신 장군의 후계자답게 일기를 썼습니다. 《거영일기》는 이운룡이 삼도수군통제사로 부임한 1605년(선조 38년) 7월 30일부터 1606년 9월까지 약 15개월 동안 있었던 일을 적은 일기입니다. 병영 예식, 일상 생활, 군의 장비, 훈련 상황 등을 자세하게 기록한 《거영일기》는 당시의 군사 제도 등을 알려 주는 소중한 자료입니다.

서 단 1,600명의 군사로 조선군 5만 명을 물리쳤으니까요.

남해 바다가 완전히 이순신의 손에 넘어가려 하자 다급해진 일본은 그들이 자랑하는 장수인 와키자카를 내보냈던 것입니다. 하지만 그 역시 전혀 예상하지 못한 진법에 입을 다물지 못했습니다.

'어떻게 이런 일이 가능하지?'

놀란 것은 와키자카만이 아니었습니다. 현재까지도 세계 해군 전문가들은 학익진 진법과 한산대전의 승리를 불가사의하게 여기고 있으니까요. 그토록 자랑하며 으스대던 일본의 수군은 거의 끝장나 버렸습니다. 일본의 싸움배 73척 중 살아남아 달아난 배는 겨우 14척뿐이었습니다. 불과 한 시간 만에 벌어진 일이었습니다. 세계 해전 역사에 유례없는 전투였지요.

그날 전투에 참가한 일본군은 5만 5,800명 정도였습니다. 반면에 우리 수군은 1만 명 정도였습니다. 전투 중에 일본군은 대략 4만 명이 죽었다고 합니다. 조금 부풀려서 말하면, 한산섬 앞은 일본군 시체로 뒤덮이다시피 했습니다. 전라좌수영이 입은 손실은 전사자 19명과 부상자 114명이었습니다. 두 나라의 운명을 건 한판 승부는 이렇게 끝이 났습니다.

일본군 최고 지휘관이었던 와키자카는 겨우 목숨만 건져 달아났습니다. 갑옷에 화살을 꽂은 채 김해까지 줄행랑치고 난 뒤 남긴 한마디가 '십사일생(十死一生)'이었다고 합니다. 여러 차례 죽을 고비를 넘기고 겨우 살아남는다는 뜻의 한자성어 '구사일생'보다 더 어렵게 살아남았단 뜻이지요.

한산대첩이라 불리는 그날의 승리로 우리나라는 남해 바다를 되찾았으며 의주까지 밀고 올라갔던 일본군은 후퇴할 수밖에 없었습니다. 그날로 임진왜란은 더 이상 일본이 이길 수 없는 전쟁이 되었습니다.

이날의 승리는 세계 해전사에도 놀라운 전투로 기록됩니다. 하마터면 지도에서 사라질 뻔한 나라를 단 한 시간 만에 구한 위대한 전투였으니까요.

이운룡 영정(청도 중현사)

- 병이나 사고로 온몸의 절반이 마비됨.

훗날 일본의 역사는 이렇게 기록하고 있습니다.

"이 전투의 패배로 일본은 반신불수가 되었고, 조선 정벌은 사망 선고를 받았다."

한산해전이 그들에게 얼마나 뼈아픈 패배였는지 말해 주고 있습니다.

전쟁이 끝난 뒤 이운룡은 이순신의 뒤를 이어 제7대 삼도수군통제사 자리에 올랐습니다. 두 사람은 닮은 점이 매우 많았습니다. 꼼꼼한 기록 정신도 닮아서 둘 다 일기를 남겼고, 여러 차례 모함을 당하기도 했으나 능력을 인정받아 다시 중요한 직책을 맡았던 점도 닮았습니다.

이운룡은 임진왜란 때 세운 공으로 3등 선무공신에 올랐으며, 마흔여덟 살을 일기로 세상을 떠났습니다.

07 이순신의 숨은 후원자
이억기

- 벼랑 끝에 선 이순신을 구하다
- 두 영웅의 진한 우정
- 장군을 살린 편지

니탕개의 난

함경북도 지방은 고려 시대만 해도 여진족이 살던 곳이었지요. 그런데 세종 때 김종서가 여진족을 두만강 너머로 몰아냈습니다. 여진족은 압록강 위쪽에 사는 부족과 두만강 위쪽에 사는 부족이 있었는데, 두만강 쪽 여진족은 호시탐탐 함경도 땅을 되찾기 위해 애썼습니다.

그러다가 여진족의 추장 니탕개가 난을 일으켰는데, 그때가 1583년입니다. 니탕개의 난이 일어나자 내로라하는 장수들이 총출동하여 공을 세웠습니다. 그때 여진족을 무릎 꿇게 만든 것이 바로 조선의 대포와 승자총통이었습니다.

• 조선 시대 북부 지역에 수비용으로 쌓은 작은 성 중 하나.

벼랑 끝에 선 이순신을 구하다

1583년, 평화롭던 조선을 발칵 뒤집어 놓은 사건이 함경도 국경 지방에서 벌어졌습니다. 여진족 추장인 니탕개가 난을 일으킨 것입니다. 이 난을 평정하는 데 신립 장군과 함께 공을 세워 세상을 깜짝 놀라게 한 젊은 장수가 있었습니다. 이억기였습니다. 사람들이 모두 그를 주목하고 있을 때, 정작 이억기 자신은 별 볼일 없는 하급 무관을 눈여겨보았는데, 바로 이순신이었습니다.

당시 이순신은 한 번 파직당한 뒤, 최하급 무관인 건원보•의 권관으로 복귀했습니다. 건원보는 니탕개의 난이 일어난 경원 지방에 있었습니다. 그만큼 그곳의 상황은 매우 불안했는데, 부임한 지 한 달밖에 안 된 이순신이 꾀를 써서 여진족 추장 울지내를 간단히 사로잡았습니다.

힘 하나 안 들이고 처리한 이 일을 두고 말들이 많았습니다. 별 볼일 없는 여진족 따위와 싸우면서 꾀를 쓰는 것은 정당한 승부가 아니라고 생각했습니다. 마치 꾀 많은 여우가 동물들 사이에서 존경받지 못하듯, 이순신은 장수답지 못한 사람이라는 평가를 받았던 것입니다.

하지만 오직 한 사람은 그렇지 않았습니다. 젊은 장수 이억기는 이순신의 가치를 한눈에 알아보았습니다. 이억기는 속으로 이렇게 생각했습니다.

'평화가 계속된다면 전략가인 이순신은 무관들로부터 외면받아 출세하기 어렵겠지만, 전쟁이 일어난다면 다르지. 언젠가 이순신의 재능이 나라를 구하는 날이 올 거야.'

이억기는 그 순간부터 이순신의 숨은 후원자가 되리라 마음먹었습니다.

이억기와 이순신. 이 두 사람은 자라 온 환경이 하늘과 땅만큼 차이가 컸습니다. 그들이 걸어 온 벼슬길 또한 극과 극이라고 할 만큼 달랐습니다.

이억기 장군의 칼

'칠성검'이라 불린 이 검에는 북두칠성과 용 문양이 새겨져 있으며, '하사보검(下賜寶劍)'이라는 글자가 적혀 있습니다. 선조 임금이 임진왜란 당시 전라우수사였던 이억기 장군에게 하사한 검으로, 그만큼 임금이 아끼는 장수였습니다. 이억기는 일본군을 격퇴할 때 이 검을 직접 사용했습니다.

이억기 하사보검(육군박물관)

• 종3품 벼슬.

•• 모든 벼슬을 박탈당한 채 한낱 병졸로 복무하는 형벌. 전투에서 공을 세워 죄를 면할 기회를 얻어야 합니다.

이억기는 1561년 7월 24일에 한양에서 태어났습니다. 이억기의 집은 조선 2대 임금이었던 정종 임금의 후손으로 내로라 하는 왕족 가문이었고, 이억기는 선조 임금이 특별히 아꼈을 정도로 촉망받는 도련님이었습니다. 거기에다 무예에 천재적인 소질이 있었습니다. 열일곱 살에 이미 벼슬길에 오른 그는 곧바로 무과에 응시하여 1등으로 급제하였습니다. 그야말로 앞날에 거칠 게 없었습니다.

1581년 이억기는 여진족과 대치하고 있는 북방의 중요한 지역인 경흥의 부사*로 부임하였습니다. 고작 스무 살이었던 이억기는 이곳에서 잇달아 공을 세워 조선 최고의 무장에 오를 기틀을 마련했습니다.

평탄한 길을 걸어온 이억기와 달리 이순신 앞에는 거친 운명이 기다리고 있었습니다. 1587년, 이순신은 여진족이 녹둔도에 쳐들어온 일 때문에 큰 벌을 받아야 할 위기에 놓였습니다. 벼랑 끝에 선 이순신을 구한 사람은 이억기였습니다. 그는 자칫 불똥이 자신에게까지 튈지 모를 상황이었지만 이순신을 구하기 위해 발 벗고 나섰습니다.

이억기의 노력에 힘입어 한양에서는 감사를 보내 다시 조사를 벌였고, 그 결과 이순신은 큰 벌을 면하고 백의종군**하게 된 것입니다. 이순신은 이억기에게 큰 빚을 지고 되살아날 발판을 마련한 셈입니다.

임진왜란 1년 전인 1591년 2월, 조정에서는 겨우 서른 살의 이억기를 전라우수사에 임명했습니다. 전쟁의 그림자가 감도는 남해안을 그에게 맡긴 것입니다. 바로 그날, 마치 운명처럼 이순신은 전라좌수사에 임명되었습니다.

이억기가 부임한 전라우수영은 남해와 서해가 만나는 해남에 있었습니다. 그는 이곳에서 무려 7년 동안이나 조선 최대의 함대를 이끌었습니다. 전쟁 중 이렇게 오랫동안 자리를 지킨 무관은 그가 유일했습니다.

임진왜란이 일어나자 이억기는 군사와 배를 이끌고 이순신을 도우러 갔습니다. 간신히 버티고 있던 이순신 함대는 25척의 판옥선과 1만 명의 수군을 거느린 전라우수영의 합류로 사기가 하늘을 찌를 듯했습니다.

"진중의 장병들이 기뻐서 날뛰지 않는 이가 없었다."

이억기 함대가 도착한 날, 《난중일기》는 이렇게 그날의 기쁨을 기록하였습니다. 전쟁 중에 이순신이 믿고 의지한 군대는 오로지 이억기 함대뿐이었습니다.

통영연의 유래

경상남도에 통영시가 있습니다. 통영은 통제영의 줄임말입니다. 삼도수군통제영을 이곳에 설치한 뒤부터 통영으로 불리게 된 것이죠. 통영에 전해지는 통영연은 임진왜란 때 이순신 장군이 작전 신호와 암호용으로 사용했다고 합니다.

두 영웅의 진한 우정

경상남도 통영 앞바다에 있는 한산섬에는 한산정이라는 활터가 있습니다. 이곳은 다른 활터와 달리 사대*와 과녁 사이에 바다가 있어서 군사들이 바다에서 싸울 때와 비슷한 환경에서 연습할 수 있었습니다. 세계에 하나뿐인 독특한 활터입니다.

* 활을 쏘는 곳.

전라우수영을 출발해 한산정으로 향하는 이억기와 부하들의 얼굴에 작은 긴장감이 감돌았습니다. 그곳에서 활쏘기 시합이 벌어질 예정이었습니다.

"이번엔 꼭 이길 것입니다."

전라우수영 소속 군사들은 하나같이 자신감을 보였지만 이억기는 그저 고개를 끄덕일 뿐이었습니다. 이순신이 지휘하는 전라좌수영 군사들과 치른 활쏘기 시합에서 늘 지기만 했던 터라 오늘도 쉽지 않으리라 생각했습니다. 전라좌수영 군사들의 활쏘기 솜씨는 정말 뛰어났습니다.

늘 지는 시합이었지만, 이억기도 전라우수영 소속 군사들도 이 시합을 기쁘게 기다렸습니다. 군사들은 이기든 지든 술과 고기를 배불리 먹을 수 있고, 이억기는 이순신을 만날 수 있기 때문입니다.

독특한 활터, 한산정

한산섬에 있는 활터 한산정은 독특한 곳입니다. 과녁까지의 거리가 145미터

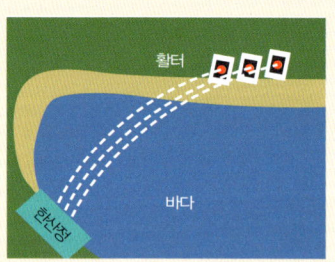

정도 되는데 그 사이에 바다가 있습니다. 밀물일 때는 바다 위에서 쏘는 것 같고, 썰물일 때는 육지에서 쏘는 것 같은 신기한 활터입니다. 이곳에서 활쏘기 연습을 하면 진짜 적들과 바다 위에서 싸울 때 거리 측정이 훨씬 쉬웠습니다.

이렇게 모든 일에 꼼꼼하고 기발한 생각을 하는 이순신이 한산섬에 있던 4년 동안, 일본은 남해 바다에서 숨도 제대로 못 쉬었지요.

이순신이 날마다 빠지지 않고 했던 두 가지가 바로 활쏘기와 일기 쓰기입니다. 긴장감을 유지하기 위해 활쏘기를 하고, 활시위를 당기듯 팽팽하게 마음도 다잡기 위해 일기를 썼을 것입니다.

그날 활쏘기 시합도 전라좌수영의 승리로 끝났습니다.

"허허, 오늘도 미안하게 됐소이다."

시합이 끝나자 이순신이 미소를 지으며 말했습니다.

"아닙니다. 전라좌수영 군사들의 활쏘기는 세상에서 최고니 저희가 지는 것이 당연하지요. 허허."

또다시 지긴 했지만 이억기는 호탕하게 웃어 넘겼습니다.

두 진영의 군사들은 술과 고기를 나눠 먹으며 서로 떠들썩하게 어울렸습니다. 그러면서 잠시나마 전쟁의 고달픔을 잊었습니다.

이순신과 이억기도 술잔을 마주하고 앉아 세상 돌아가는 이야기를 나눴습니다. 활쏘기 시합은 군사들을 위로하고 훈련하는 일이기도 했지만 바다를 지키는 두 영웅을 하나로 묶어 주는 중요한 기회이기도 했습니다.

전쟁이 일어났을 때 참으로 곤란한 문제가 있었습니다. 전라좌수사든 전라우수사든 경상우수사든 모두 똑같은 수사였기에 그중 지휘관을 내세우는 일이 쉽지 않았습니다. 자칫하면 서로 공이 높다 경쟁을 벌이다 일을 그르칠 위험이 있었습니다.

조정에서도 그 점을 깨닫고 다음 해인 1593년 10월 삼도수군통제사라는 자리를 서둘러 만들고 그 자리에 이순신을 올렸습니다. 하지만 이미 그때는 공을 세우는 데 눈이 먼 경상우수사 원균과 전라좌수사 이순신 사이가 멀어질 대로 멀어진 뒤였습니다.

여기에 이억기마저 공을 다퉈 이순신과 맞섰다면 어찌 되었을까요? 하지만 다행스럽게도 이억기는 이순신이 지휘관으로나 전략가로서 자신보다 훨씬 뛰어나다는 점을 잘 알고 있었습니다. 이억기는 욕심을 버리고 이순신의 실력을 존중했고, 그를 도와 조선 수군을 최강의 무적함대로 만들었습니다.

자신의 야망을 접고 이인자의 자리에 만족했던 이억기가 있었기에 이순신은 나라를 구할 수 있었습니다. 이순신은 이 젊은 장수에게 목숨 빚도 지고, 마음 빚도 졌습니다.

장군을 살린 편지

1597년이 밝았습니다. 일본과 싸운 지 벌써 5년이 지났습니다. 이순신이라는 장수를 만나 궁지에 몰린 일본은 이순신을 없애기 위해 한 가지 계략을 꾸몄습니다.

일본 장수들 가운데 고니시와 가토라는 두 명의 장수가 매우 뛰어났는데, 둘의 경쟁심이 얼마나 강한지 조선에까지 알려졌습니다. 고니시는 그러한 사실을 거꾸로 이용하기로 했습니다. 자신의 부하 요시라를 조선에 보내 이런 정보를 흘렸습니다.

'곧 가토가 바다를 건너올 테니 바다에 숨어 있다 기습하면 가토를 포함해서 다른 군사들을 모조리 잡아들일 수 있을 것이다.'

조선 정부는 이 정보를 듣고 순진하게도 고니시가 진짜로 가토를 미워해서 흘린 정보라고 생각했어요. 그래서 더 알아볼 생각도 하지 않고 이순신에게 출정 명령을 내렸습니다. 만일 명령대로 움직인다면 이순신과 그의 함대는 모조리 죽게 될 것이고, 명을 따르지 않는다면 큰 벌을 받게 될 상황이었습니다.

이순신은 이 모든 것이 사실은 자신을 잡으려는 일본의 계략이라는 것을 단번에 알았습니다. 물론 가토는 이미 바다에 나와 자신들이 쳐 놓은 덫에 이순신 함대가 걸리기를 기다리고 있었습니다. 이순신은 정찰병만 보낼 뿐 움직이지 않았습니다.

그러자 정부에서는 당장 이순신을 잡아들이라는 명령을 내렸습니다. 이순신이 적장을 잡을 기회를 놓친 데다 나라의 명령을 따르지 않았다며 화를 냈습니다.

매서운 꽃샘추위가 몰아치던 이른 봄에, 결국 이순신은 한양으로 끌려가 감옥에 갇혔습니다. 임금은 당장이라도 이순신을 죽일 것 같았습니다. 이순신의 목숨이 바람 앞의 촛불처럼 위태로웠던 그때, 정부 관리들의 집으로 한 통의 편지가 날아들었습니다. 이순신을 감옥에 가두었던 벼슬아치들은 편지를 뜯어 보고 가슴이 철렁 내려앉았습니다.

"장수에게 있어 싸우라고 명령을 내리는 것보다 더욱더 어려운 것은 참고 때를 기다리라고 말하는 것입니다. 함부로 군사를 움직이지 않은 것은 나라의 명령을 업신여겨서가 아니라 자칫 왜적들의 함정에 걸려 군사와 배를 잃으면 그나마 지켜 오던 남해 바다마저 잃을까 두려웠기 때문입니다. 이순신에게 죄가 있다면 그것은 나라와 백성을 사랑한 죄뿐입니다."

벼슬아치들은 이 편지를 그냥 무시할 수 없었습니다. 편지의 내용도 내용이지만 보낸 사람이 다름 아닌 이억기였습니다.

'전쟁 내내 전라우수사의 자리를 지키며 바다를 막아 낸 장수가 아니던가.'

백성들은 물론 장수들과 관리들에게 폭넓은 지지를 받는 이억기가 위험을 무릅쓰고 편지를 보내자 대신들은 크게 흔들렸습니다.

녹둔도 전투 후 이순신이 북병영*의 차디찬 감옥에 갇혔을 때처럼 이억기는 이번에도 최선을 다해 도왔습니다. 전쟁을 치르고 있던 중이라 짬을 내기가 쉽지 않았는데도 이억기는 조정 대신들에게 일일이 편지를 써 보낸 것입니다.

이억기는 남해 바다를 철통같이 지켜야 했기에 몸을 움직일 수는 없었지만, 마음만은 한양의 감옥에 칼을 쓰고 앉아 있는

* 함경북도에 있는 군사들을 총지휘하는 함경북도 병마절도사(줄여서 북병사)가 있는 곳.

이순신에게 달려갔습니다. 이억기의 따뜻한 위로와 도움은 이순신에게 큰 힘이 되었습니다.

한편 이억기뿐 아니라 함께 바다를 지켰던 장수들도 가만히 있지 않았습니다. 나대용을 비롯한 열한 명의 전쟁 영웅들이 옥문 앞에서 울부짖으며 호소했습니다. 백성들은 나라를 구해 낸 그들의 눈물을 보며 함께 슬퍼했습니다.

이렇게 일이 번지자 조정 대신들은 곤란에 빠졌습니다. 원균이 삼도수군통제사 자리를 물려받았다고는 하지만, 이순신 다음가는 바다의 영웅은 이억기였습니다.

그들은 곰곰이 생각했습니다.

'이억기를 비롯한 전쟁 영웅들의 탄원서가 쏟아지는데 이순신을 죽인다면 누가 그 책임을 질 것인가? 게다가 아직 전쟁이 끝나지도 않았는데 만일 이순신이 없다면 어찌 될 것인가?'

마침내 이순신을 가두었던 옥문이 28일 만에 열렸습니다. 1597년 4월 1일의 일이었습니다.

 1597년 7월 12일, 이순신의 뒤를 이어 삼도수군통제사가 된 원균이 이끄는 조선 수군은 칠천량해전에서 차마 눈 뜨고 보지 못할 패배를 당했습니다. 250여 척의 배가 차례로 일본군에게 격파됐습니다. 배마다 불길이 치솟아 오르고, 군사들의 비명이 바다를 울렸습니다. 그들의 피가 흘러 바다를 붉게 물들였습니다.
 이억기는 입술을 지그시 깨물었습니다. 마지막 순간이 왔음을 직감한 것입니다.
 "장군, 어서 피하셔야 합니다. 이대로 가다가는 큰일 납니다."
 군관의 목소리가 다급하게 들려왔습니다. 이억기가 타고 있던 대장선 위에도 군사들의 시체가 가득했습니다.
 '마지막이구나!'
 이억기는 눈물을 참으며 흐트러진 갑옷을 바로 입고 북쪽을 향해 절을 올렸습니다. 나라의 상징인 종묘사직•과 임금이 계신 곳이었습니다. 엎드린 그의 몸이 뒤뚱거렸습니다. 쉴 새 없이 활을 쏘고 또 쏘는 바람에 오른쪽도 왼쪽도 손가락이 남아 있지 않았기 때문입니다.
 바다는 무섭게 소용돌이쳤습니다. 군관은 이억기의 뜻을 알아차린 듯 그를 붙잡고 울부짖었습니다.

• 왕실과 나라를 통틀어 이르는 말.

"장군, 안 됩니다. 장군이 없으면 우린 어쩌란 말입니까?"

"비켜라. 조선의 장수가 어찌 왜적의 칼과 탄환 아래 죽겠는가. 저들에게 내 목숨을 내줄 수는 없다."

이억기는 비장하게 말한 뒤 군관을 뿌리치고 바닷속으로 뛰어들었습니다. 그가 사랑하고 지켜 온 바다로 말입니다. 장렬히 최후를 마친 이억기의 나이는 고작 서른여섯 살이었습니다.

지금 여수의 충민사에 가면 두 장수를 만날 수 있습니다. 살아서도 같이 싸웠고, 죽어서도 함께 존경받는 두 명의 영웅, 이순신과 이억기입니다.

충민사

이순신 장군이 전사하자 전라좌수영이 있었던 여수에서는 백성들의 추모 행렬이 끊이지 않았습니다. 이를 보다 못한 조정에서 우의정 이항복을 보내 어느 정도인지 알아보게 한 뒤, 충민사를 지어 이순신을 기렸습니다. 이순신 장군 관련 기념관으로는 제1호이자, 선조 임금 시대 유일한 기념관이기도 합니다.

이곳에는 이억기 장군도 같이 모셨는데, 이순신 장군을 기리는 일을 원하지 않았던 선조 임금은 마지못해 충민사를 짓도록 허락하면서 이곳이 이순신 장군 한 사람을 추모하기 위한 사당이 아니라는 점을 강조하기 위해 이억기 장군을 같이 기린 것입니다.

선조 임금은 이순신 장군이 백성들의 영웅이 되는 것을 꺼렸습니다. 선무공신 책봉 때 1등 공신에 원균 장군을 넣자고 끝까지 고집을 피운 것도 선조 임금의 그런 마음 때문이었습니다. 이항복이 쓴 《충민사기》에는 다음과 같은 내용이 담겨 있습니다. "대장부가 세상에 나서 나라에 쓰이게 되면 죽기로써 일할 것이요, 쓰이지 못하면 들판에서 농사짓는 것으로 만족할 것이다. 권세 있는 곳에 아첨하여 한때의 영화를 훔치는 것 같은 짓은 내가 제일 부끄럽게 여기는 것이다."

나대용, 정걸, 어영담, 이봉수, 정사준, 이필종, 언복,
동지, 안성, 이운룡, 이억기…….
전쟁이 일어나기 전까지 이들은 대단한 사람들이 아니었습니다.
하지만 자신의 꿈을 소중히 여겼던 그들은 실력만을 존중했던
이순신 장군을 만나 능력을 마음껏 펼칠 수 있었습니다.
그들은 꿈을 이루었고, 나라를 구했습니다.
조총으로 무장하고 수년간 준비 끝에 조선을 침략한 일본이
단 한 사람, 이순신 앞에 무릎 꿇은 비밀이 여기에 있습니다.

08 우리 역사의 **진정한 영웅**
이순신

- 싸움은 힘이 아니라 과학이다
- 정정당당하게 평가받는 무관의 길을 택하다
- 실력만이 존중되어야 한다
- 적을 알고 나를 알면 백전백승
- 두 번째 백의종군
- 죽고자 하면 살고, 살려고 하면 죽는다
- 세상에서 가장 아름다운 유언

싸움은 힘이 아니라 과학이다

이순신 생가터

이순신이 태어난 곳은 건천동 또는 마른내골로 불리던 동네입니다. 1956년 서울시 역사편찬원과 한글학회는 고증과 답사를 통해 이순신 장군의 생가터를 추정했습니다. 그곳은 지금의 서울시 중구 을지로18길 19(인현동1가 31-2번지)로, 2017년에 안내판이 설치되었습니다.

이순신은 1545년 4월 28일 한양의 건천동에서 태어났습니다. 같은 동네에 살았고, 평생 이순신의 든든한 후원자였던 유성룡은 어릴 적 이순신에 대해 이렇게 말했습니다.

"이순신은 어려서부터 담력이 컸고 말타기와 활쏘기를 유난히 잘했다."

유성룡의 말처럼 어린 이순신은 겁이 없고 용감해서 골목대장을 도맡아 했던 것 말고는 특별히 남다른 점이 없었습니다. 여느 아이들처럼 또래들과 같이 어울려 장난치며 놀던 개구쟁이였습니다.

평범한 아이 이순신을 훗날 나라를 구할 영웅으로 만들었던 것은 무엇이었을까요? 어린 이순신이 무엇보다 실력을 존중하는 사람으로 자라게 된 것은 개구쟁이 골목대장 시절의 깨달음 덕이었습니다.

1550년대, 남산 자락에 한 무리의 아이들이 모였습니다. 아이들은 모두 손에 나무로 만든 창이나 칼을 들고 전쟁놀이를 하고 있었습니다. 맨 앞에 선 대장은 또래보다 키도 크고 어린애답지 않게 눈빛이 강했는데, 그 아이가 바로 이순신입니다.

"일단 싸움이 시작되면 내가 신호를 보낼 때까지 절대로 움직이면 안 돼, 알겠지?"

 대장 이순신은 의지에 불타 꽤 엄하게 말했지만 부하로 보이는 다른 아이들은 탐탁지 않은 듯 제멋대로 아무렇게나 서 있었습니다.

 아니나 다를까 잠시 후, 옆 마을 아이들이 한꺼번에 소리를 지르며 다가오자 줄지어 서 있던 아이들이 조금씩 뒤로 물러섰습니다. 마침내 옆 마을 아이들이 코앞까지 왔을 때 자리를 지키고 있는 아이는 이순신뿐이었습니다. 다른 아이들은 모두 달아나느라 바빴습니다. 달아나다 넘어진 아이도 있었고, 옆 마을 아이에게 붙들린 아이, 아예 무서워서 그 자리에서 울고 있

는 아이도 있었습니다.

그 사이에도 이순신은 침착하게 옆 마을 아이 서넛을 물리치며 힘껏 싸웠습니다. 하지만 잠시 후, 그들의 깃발은 옆 마을 아이들 손에 넘어갔습니다. 이순신은 그제야 주위를 둘러보다 고개를 떨구었습니다. 오늘도 진 것입니다.

키는 작았지만 다부진 체격의 옆 마을 대장은 의기양양하게 돌아갔습니다. 분해서 마음이 상한 이순신은 그 모습을 보며 주먹을 불끈 쥐었습니다.

'반드시 이기고 말 테다.'

하지만 쉽지 않은 일이었습니다. 열 번 싸우면 아홉 번은 지는 전쟁놀이에 싫증이 난 아이들이 하나 둘 늘고 있었기 때문입니다. 어떻게든 방법을 찾아야 했습니다.

집으로 돌아온 이순신은 잔뜩 풀이 죽어 있었습니다. 아무리 생각해도 옆 마을 아이들을 보기 좋게 이기고, 의욕이 꺾인 부하들을 일으켜 세울 방법이 떠오르지 않았거든요.

그때, 아버지 이정이 이순신 곁으로 다가왔습니다.

"오늘도 져서 속상하구나?"

"네, 아버지. 꼭 이기고 싶은데 방법이 떠오르지 않아요."

이정은 부드러운 눈길로 아들을 바라보며 말했습니다.

"옛날에 한나라가 중국을 통일할 때 일이란다. 한신이라는 유명한 장수가 있었는데, 맞서 싸우는 적들보다 군사 수도 적고 사기도 떨어져 아주 불리했지만 적을 물리쳤단다. 어떻게 이겼는지 아느냐?"

"아뇨. 어떻게 이겼어요?"

이순신은 바짝 다가앉으면서 물었습니다. 한신의 처지가 자신과 비슷하다고 생각했습니다.

아버지가 손가락으로 머리를 톡톡 치며 말했습니다.

"바로 머리를 쓴 것이다. 싸울 때 숫자나 힘보다 더 중요한 게 싸우는 방법을 제대로 생각해 내는 거야. 한신은 궁리 끝에 '배수진'이란 진법을 썼단다. 배수진이란 등 뒤에 강물을 두고 싸우는 방법이란다. 한신과 병사들이 이렇게 강을 등지고 싸우자 적들은 이렇게 생각했지. '도망쳐 봐야 강물밖에 없는데 궁지에 몰린 꼴이군.' 그래서 한신을 깔보고 생각 없이 마구 달려들었어. 하지만 반대로 한신의 부하들은 더 이상 달아날 데가 없으니 죽기 살기로 싸워야 했지. 조심성이 없어진 적을 맞아 평소보다 몇 배나 힘을 내서 싸웠으니 숫자가 적어도 이길 수 있었지. 이렇게 어떤 방법으로 싸우느냐가 아주 중요한 문제란다. 싸우는 방법을 진법이라고 하는데, 진법을 사용하면 같은 힘으로도 훨씬 적은 손실을 내고 큰 이득을 볼 수 있단다."

이순신은 아버지의 설명을 듣고 골똘히 생각에 잠겼습니다.

그러고 나서 며칠 후, 이순신의 건천동 골목 부대는 다시 옆 마을 아이들과 전쟁놀이를 시작했습니다. 이순신은 아이들을 둘러보며 고개를 끄덕여 주었습니다.

잠시 뒤, 우렁찬 소리와 함께 옆 마을 아이들이 한꺼번에 몰려나왔습니다. 그러자 여느 때처럼 건천동 아이들은 뒤로 물러섰습니다. 옆 마을 아이들은 '그것 봐라. 너희들은 별 수 없어.'

이순신 장군의 얼굴

유성룡은 《징비록》에 '순신의 사람됨이 말과 웃음이 적고 얼굴은 아담하여 마치 수양하며 근신하는 선비 같았으나 가슴에 담력이 있어 몸을 버리고 나라를 위해 갔으니 본래부터 수양해 온 까닭이라 하겠다.'라고 썼습니다. 이 글로 이순신 장군의 모습을 짐작해 볼 뿐, 전해 오는 초상화나 영정이 없습니다.

우리가 볼 수 있는 이순신 영정은 대부분 세월이 흐른 뒤에 그려진 작품들입니다.

영정 ❶은 일제 강점기인 1932년에 이상범 화백이 한산도 제승당을 다시 만들 때 그린 영정입니다. 일제 강점기에 우리 민족에게 자부심을 심어 주기 위해 그리다 보니 씩씩한 영정이 만들어졌습니다. 일본을 무릎 꿇게 만들었던 장군의 기백이 느껴지죠?

일제 강점기가 끝나자 이 영정은 아무래도 옛글에 표현된 이순신 장군의 얼굴과 닮지 않았다는 소리를 많이 들었습니다. 우리에게는 따뜻하고 지혜로운 영웅의 얼굴이 필요했습니다.

그래서 1952년 김은호 화백이 새롭게 그린 것이 영정 ❷입니다. 수많은 강대국의 침략에도 반만 년이나 꿋꿋이 나라를 잃지 않고 지켜 온 우리 민족의 고고한 기백을 담은 것처럼 보입니다.

1953년에는 현충사에 모셔진 영정 ❶을 바꾸기 위해 장우성 화백이 영정

❸을 그립니다. 이 그림은 1973년에 정부에서 이순신 표준 영정으로 정하였습니다.

영정 ❹는 박정희 대통령이 영정 ❶을 대신하라는 지시를 내려 1977년 정형모 화백이 그린 영정입니다. 강인한 무관이라기보다는 부드러운 모습이 느껴집니다. 군인 출신인 박정희 대통령은 국민들에게 이순신 장군을 친근하게 소개하고 싶었던 모양입니다.

하는 표정으로 쫓기 시작했습니다.

그런데 어찌 된 일일까요? 옆 마을 아이들이 점점 뒤로 밀리기 시작하더니 한 명씩 넘어지는 게 아니겠어요? 그들 앞을 향해 건천동 아이들이 반원형으로 줄을 맞추고 창과 칼을 내민 채 다가오는 것이었어요. 이렇게 되고 보니 옆 마을 아이 하나하나가 건천동 아이들 모두와 맞선 꼴이 돼 버렸습니다.

겁에 질린 옆 마을 아이들이 하나둘 울음을 터뜨리며 달아났고, 씩씩거리며 혼자 칼을 휘두르던 대장 아이마저 깃발을 내던지고 도망쳐 버렸습니다. 건천동 골목 부대는 처음으로 큰 승리를 거두었습니다. 모두들 환호성을 질렀습니다. 그날 건천동 골목 아이들은 단 한 명도 넘어지거나 울지 않았습니다.

"애들아. 오늘 작전이 바로 학익진이란 진법이야. 학이 날개를 편 것 같은 모양이라고 해서 붙은 이름이지. 우리가 진법을 공부하고 연습하면 절대로 지지 않을 거야."

이순신은 자랑스러운 듯이 말했습니다. 아이들도 모두 고개를 끄덕였습니다.

그 일이 있고 나서 아이들은 골목대장 이순신을 완전히 믿게 되었습니다. 꼬마 이순신도 친구들을 위해서 더 열심히 진법을 공부했습니다.

그때 이순신은 깨달았습니다. 숫자가 많거나 힘이 세다고 해서 이기는 것이 아니라 싸움에도 과학이 숨어 있다는 사실을. 그것을 연구하고 터득하고 훈련하는 일, 다시 말해 실력을 쌓는 일이 얼마만큼 대단한 결과를 낳는지 깨달았던 것입니다. 끝없는 노력을 통해 얻은 실력만이 장수와 부하, 관리와 백성 사이에 믿음을 만들어 낸다는 사실을 말입니다. 그 작은 깨달음이 훗날 '전술의 신'이라 불리는 이순신을 만들어 낸 것입니다.

정정당당하게 평가받는 무관의 길을 택하다

건천동 골목대장으로 이름을 날리던 이순신의 한양 생활은 오래가지 못했습니다. 이순신의 집이 매우 가난했기 때문에 하는 수 없이 충청남도 아산에 있는 외갓집으로 내려가야 했습니다. 순신은 진법 연구에 푹 빠져 있었기 때문에 아산에서도 아이들을 모아 놓고 전쟁놀이를 하면서 보통의 아이처럼 개구쟁이 시절을 보냈습니다.

그러던 어느 날입니다. 순신의 어머니 변씨 부인이 첫째 희신, 둘째 요신, 셋째 순신, 막내 우신, 아들 네 명을 전부 불러 모아 놓고 말했습니다.

"우리 집안의 희망은 너희들이다. 네 형제가 열심히 공부해서 집안을 일으켜야 한다."

어머니는 나직하지만 엄한 목소리로 말했습니다. 네 명의 아들들은 모두 고개를 숙이고 듣고 있었습니다.

"특히 순신이 너. 언제까지 전쟁놀이만 할 셈이냐? 네 용기와 지혜가 아무리 훌륭해도 과거 시험에 합격해서 벼슬에 오르지 못한다면 어디에 쓰겠느냐? 오늘부터 형들을 따라서 글공부를 열심히 하거라."

"네, 어머니."

순신은 건성으로 대답했습니다. 아직은 글공부보다 진법 연구가 훨씬 재미있었습니다. 게다가 두 형이 글공부에 아주 열심이니 나 하나쯤 안 하면 어떠랴 싶었습니다. 그래서 고개를 숙인 채 어머니 말씀을 귓등으로 들을 뿐, 마음은 '어서 빨리 동무들에게 가서 어제 배운 어린진°이란 진법을 써먹어야지.' 하는 생각뿐이었습니다.

바로 그때였습니다. 갑자기 순신의 눈에 아버지의 모습이 보였습니다. 마당에서 새 한 마리가 떨어진 곡식을 쪼아 먹고 있었는데, 아버지가 하염없이 그 모습을 바라보고 있었습니다. 아버지의 얼굴이 매우 슬퍼 보였습니다. 순신의 눈에서 괜히 눈물이 흘렀습니다.

순신의 아버지 이정은 평생 벼슬을 하지 않았습니다. 아니, 못 했습니다. 순신의 할아버지 이백록이 개혁을 부르짖던 조광조의 편에 섰다가 기묘사화란 변을 당했기 때문입니다.

벼슬을 못 한 양반은 매우 비참한 삶을 살아야 했습니다. 우선 돈을 벌지 못하니 가난할 수밖에 없었습니다. 가진 땅도 별로 없이 대대로 벼슬자리에 올라 살아온 집안이라 가난은 더욱 뼈저렸습니다. 할아버지의 그림자는 아버지 이정의 진로를 가로막았습니다. 이정은 가장으로서, 양반으로서, 선비로서 아무

• 삼국지에 나오는 진법으로, 'ㅅ' 자 모양으로 싸우는 방법. '어린'은 물고기 비늘을 뜻합니다.

것도 할 수 없었습니다. 그래서 하염없이 문밖을 바라보고 있었던 것입니다.

가장의 몫은 어머니 변씨 부인에게 돌아왔습니다. 양갓집 딸로 태어나 평생 거친 일을 해 본 적이 없는 변씨 부인이었지만 사랑과 인내로 아이들을 가르쳤습니다.

이순신의 눈에 갑자기 부모님의 모습이 더없이 애처롭게 보였습니다. 어린 순신은 그날부터 형들과 열심히 공부하기로 마음먹었습니다. 좋아하던 전쟁놀이도 그만두었습니다. 꿈이 꺾인 아버지와 자식을 위해 희생하는 어머니를 위해 문과에 합격하여 집안을 일으키기로 결심했습니다.

하지만 순신의 결심은 스무 살이 되던 해 허물어졌습니다. 글공부에 매달리는 게 얼마나 소용없는 일인지 깨달았던 것입니다.

당시 양반 관리들은 여러 개의 파로 나뉘어 싸웠습니다. 같은 파는 끌어 주고 반대파는 밀어냈습니다. '실력' 같은 것은 아무짝에도 쓸모없었습니다. 실력보다는 아부하는 능력을 키워야 하고, 윗사람의 행패도 눈감아 주어야 했습니다. 성격이 곧고 원칙을 내세우는 순신은 할아버지가 겪은 험한 꼴을 당하기에 꼭 알맞았습니다.

그리하여 이순신은 첫 문과 시험에서 낙방한 후 과감하게 포기했습니다. 비록 대우는 문관보다 좋지 않아도 실력이 있으면 성공할 수 있는 무관이 되리라 마음먹었습니다. 북방의 오랑캐나 남쪽 바다의 왜구를 물리쳐 공을 세운다면 정정당당하게 평가받을 수 있으리라 생각한 것입니다. 집안의 기대 속에서 10년 동안 해 온 글공부를 접기 쉽지 않았지만 어머니와 아버지도 이해해 주었습니다.

그때부터 이순신은 보성의 군수였던 방진이란 분을 만나 무예 수업을 시작했습니다. 무예가 뛰어난 방진은 이순신의 스승으로 손색이 없었습니다.

방진에게는 방수진이란 딸이 있었는데 그녀는 도둑도 두려워하지 않을 만큼 용감했습니다. 이순신은 그녀를 아내로 맞이했습니다. 그리하여 맏아들 회와 둘째 아들 열, 그리고 셋째 아들 면을 낳았습니다. 이제 이순신에게는 대가족의 가장이라는 무거운 책임이 주어졌습니다. 더욱 열심히 무예를 닦았고, 이를 악물고 무과 시험을 준비했습니다.

1576년에 이순신은 마침내 무과 시험에 합격해 무관이 되었고, 함경도로 부임했습니다. 당시 여진족의 침략은 골칫거리였기 때문에 무과에 합격한 무관은 반드시 함경도에서 근무해야 했습니다. 이순신은 함경도에 몇 년 있다가 한양으로 돌아왔습니다. 훈련원 봉사*라는 낮은 직책이었지만 진급하여 한양에 부임했으니 출세라 할 만했습니다.

이순신이 편안한 길을 걸었던 것은 그때까지였습니다. 평범한 무관이던 그의 운명을 하루아침에 뒤바꾼 사건이 기다리고 있었습니다.

* 종8품 벼슬.

실력만이 존중되어야 한다

훈련원 봉사로 일할 때였습니다. 어느 날 서익이라는 사람이 이순신을 찾아왔습니다. 서익은 이순신의 윗사람으로, 병조 전랑* 직책에 있었습니다. 그는 어떤 사람을 순서를 앞질러 승진시키기 위해 기록을 바꿔 달라고 부탁하러 온 것이었습니다. 물론 이순신은 단호하게 거절했습니다. 서익은 이 일을 마음속에 품었습니다.

그로부터 3년 후, 이순신은 전라좌수영에 있는 발포란 포구 마을의 만호가 되었습니다. 꽤 높은 수군 벼슬이었어요. 다른 곳보다 훈련도 더 잘되어 있고 준비도 잘되어 있었지만 무기를 점검하러 내려온 군기 경차관**은 다음과 같은 엉터리 문서를 조정에 올렸습니다.

"발포 만호 이순신은 군기***를 전혀 보수하고 있지 않았으므로 파직되어야 한다."

이 엉터리 문서는 급기야 이순신을 파직시켰습니다. 대가족을 책임지던 가장에게 참으로 모진 일이었습니다.

이 문서를 작성한 군기 경차관이 바로 서익이었습니다. 서익은 3년 전 자신의 부탁을 단칼에 거절한 이순신에게 기어코 복수를 한 것입니다.

이순신은 미련 없이 고향으로 돌아왔습니다. 원칙을 지키지

* 무관들의 벼슬자리를 정해 주는 중요하고 힘 있는 직책. 문관들의 벼슬자리를 정해 주는 이조 전랑과 함께 청요직이라 불렸습니다. 아주 중요한 자리란 뜻입니다.

** 임금의 특명으로 여러 지방에 파견되어 무기 관리 상황을 조사하여 보고하는 특사.

*** 무기.

못하느니 차라리 양반의 굴레를 벗고 농부가 되겠다고 생각했습니다. 자신이 선택한 무관의 길에서도 실력보다는 편 가르기가 판친다면 더 이상 남아 있을 이유가 없었습니다.

그래도 주변에는 이순신이 억울한 누명을 썼다는 걸 알아준 사람들이 있었습니다. 과거 급제자 출신인 데다 능력도 있었던 이순신은 다시 제일 낮은 무관인 건원보 권관으로 복직하여 함경도로 갔습니다. 몇몇 전투에서 공을 세우고, 여진족 울지내를 잡은 것도 이때입니다.

그 무렵 아버지 이정이 세상을 떠났습니다. 삼년상을 치르기 위해 고향에 머무른 뒤 이순신은 다시 조산보 만호로 함경도로 떠나게 됩니다. 종4품 만호에서 최하급인 종9품 권관까지 떨어졌다가 다시 만호가 되었으니 벼슬이 오르락내리락하던 끝에 기회가 다시 찾아온 것이었습니다.

그러나 녹둔도에서 이순신은 적군에게 진 패장이란 누명을 쓰고 큰 벌을 받을 뻔했습니다. 다행히 이순신의 인품을 알고 있는 이억기를 비롯한 주변 사람들 덕분에 큰 처벌을 면하고 백의종군하란 명령을 받았습니다. 이것이 이순신의 첫 번째 백의종군입니다.

백의종군이란 죄를 씻을 기회를 다시 주는 것이었습니다. 만일 다시 전투에서 실수하거나 패배하면 그때는 엄하게 벌을 주겠다는 뜻이었습니다.

이순신은 벼슬이 없는 병사로 여진족의 본거지인 시전 부락에서 벌어진 전투에 참가합니다. 이 전투로 두만강 너머 여진족은 일어서기 힘든 피해를 입고 다시는 조선을 넘볼 수 없게 됩니다. 이순신도 열심히 싸운 대가로 명예를 회복했고, 다시 고향에 돌아갈 수 있었습니다.

큰 벌은 피했지만 이순신은 실업자가 되었습니다. 나이도 이미 마흔을 넘었으니 다시 처음부터 시작하기엔 너무 늦은 것처럼 보였어요. 두 번이나 벼슬을 빼앗긴 그에게 세 번째 기회를 준 것은 바로 전쟁이었습니다.

1590년이 되자 일본은 그동안 해 온 전쟁 준비를 마무리하고 있었습니다. 일본의 움직임이 예사롭지 않다고 판단한 조정에서 급히 이순신을 불러들였습니다. 위기가 닥치자 숱한 관리들을 제치고 이순신이 뽑힌 것입니다.

하지만 이순신은 일곱 번 임명을 받고도 일곱 번 모두 부임을 하지 못했습니다. 조정 대신들이 가로막았기 때문입니다. 그들은 백의종군을 마치고 집에서 놀고 있는 이순신에게 갑자기 너무 높은 벼슬을 내리는 것은 법도에 어긋난 일이라며 반대했습니다.

하지만 진짜 이유는 따로 있었지요. 사실은 자신들과 반대편에 있는 유성룡이 추천한 인물이기 때문에 무조건 반대했던 것입니다. 전쟁이 코앞인데도 편 가르기를 하고 있었던 것입니다. 이때 선조 임금이 결단을 내렸습니다. 비록 벼슬이 낮고, 그마저도 여러 번 쫓겨난 하급 관리였지만 이순신만 한 사람은 없었습니다.

우여곡절 끝에 임진왜란이 터지기 1년 전인 1591년 2월, 이순신은 전라좌도 수군절도사로 임명되었습니다. 모든 절차를 무시하고 이순신을 벼락 출세시킨 것은 그만큼 그가 필요했기 때문이었습니다.

소나무는 겨울이 되어야 그 푸르름을 안다고 합니다. 위기가 닥쳐오자 사람들의 눈에 이순신이라는 소나무가 얼마나 푸른지 보였던 것입니다.

이원익과 이순신의 특별한 인연

이원익

유성룡마저 이순신을 비판할 때도 이순신을 후원하고 믿어 준 유일한 인물이 바로 이원익입니다. 삼도수군통제사 이순신을 원균으로 바꾸고 싶었던 선조 임금은 조정 대신들을 모아 무려 일곱 차례나 회의를 벌였습니다. 그때마다 이원익은 반대했고, 임금도 어쩔 수 없었지요. 하지만 이원익이 한양을 떠났을 때 열린 마지막 두 차례 회의에서 결국 이순신의 체포가 결정되었습니다.

이원익은 선조, 광해군, 인조 때 모두 영의정을 지냈습니다. 세 임금은 정치적으로 서로 반대 입장이었는데도 말이죠. 일흔 살이 넘어 다섯 번째 영의정에 오른 날은 백성들이 모두 환영했다고 합니다. 극심한 당쟁이 벌어질 때도 백성들의 지지를 받았던 얼마 안 되는 관리였지요. 병자호란이 벌어지자 인조 임금은 강화도로 피난을 가면서 이원익을 전쟁 총사령관인 도체찰사로 삼았는데, 나이가 이미 여든 살이 넘어 사양하자 '누워서 장수들을 통솔해도 될 것'이라며 부탁했다고 합니다.

이원익과 이순신은 특별한 인연이 있었습니다. 이원익이 전쟁의 총책임자로서 전쟁 준비가 잘되었는지 살펴보려고 수군 총사령부인 한산도에 갔을 때의 일입니다. 집을 떠나 고단한 전쟁을 치르던 수군들은 점검이 끝나면 상도 주고 위로도 해 주리라 기대했는데, 이원익은 그냥 떠나려 했습니다. 그러자 이순신은 미리 준비한 고기로 잔치를 베풀어 병사들을 배불리 먹였습니다. 그날 《난중일기》에는 이렇게 쓰여 있습니다.

"8월 27일 맑음. 군사 5,480명에게 체찰사 이름으로 특별 음식을 먹였다."

시간이 흘러 이순신은 백의종군 길에 도체찰사 이원익을 만나러 갑니다. 그때 이원익은 소복을 입고 맞아 줍니다. 이순신이 어머니를 여읜 상중이란 것을 알고 위로하기 위해서였습니다. 또 음식도 잠자리도 불편할 이순신에게 쌀 두 섬을 보냈습니다. 그때 천민 집에서 신세를 지고 있던 이순신은 떠나면서 쌀을 모두 방세로 지불하고 떠났다고 합니다.

적을 알고 나를 알면 백전백승

전쟁을 두 달 남겨 둔 1592년 2월 19일, 이순신은 여수의 전라좌수영을 빠져나와 천천히 배를 몰았습니다. 도착한 곳은 여수 앞바다에 있는 아름다운 백야곶이었습니다. 이순신은 《난중일기》에 이렇게 적었습니다.

"비가 온 뒤라 산에 꽃이 활짝 피니 경치가 좋아 표현하기 어렵다."

경치를 즐기기 위해 나들이라도 떠난 것일까요?

이순신은 백야곶에 머물다 저녁에 다시 여도로 출발했습니다. 다음 날은 영주로, 그 다음 날은 녹도로……. 이렇게 섬과 포구를 다니길 꼬박 아흐레. 이 여행은 2월 27일 여수 앞 돌산도에 있는 방답에서 끝이 났습니다. 음력 2월은 양력 4월 초니까 봄꽃이 흐드러져 남해안은 눈부시게 아름다웠습니다.

아름답고 평화로운 이 여행에 얼마나 큰 뜻이 숨어 있는지 아는 사람은 없었습니다. 전쟁이 터지자마자 전라좌수영만이 가장 빨리, 가장 완벽하게 출전 준비를 할 수 있었던 것도 사실은 이 여행 덕분이었음을 아는 사람은 더욱 없었습니다. 그렇다면 이순신이 열흘 가까이 포구 여행을 한 진짜 이유는 무엇이었을까요?

전라좌수영에는 다섯 개의 포구가 있었습니다. 포구 책임자들은 느닷없이 전라좌수사가 온다고 하자 술과 고기를 마련하느라 바빴습니다. 이맘때 배를 타고 나들이를 오는 벼슬아치들은 대개 아름다운 남해 바다의 경치를 즐기다 맛있는 음식을 대접받고 떠났으니까요.

이순신 장군을 맞이한 포구 책임자는 금세 무언가 잘못되었다는 사실을 깨달았습니다. 이순신은 배에서 내리기 무섭게 군사 시설부터 꼼꼼히 점검하기 시작했습니다. 연회를 준비하고, 장군 일행을 모시려던 책임자의 낯빛이 하얗게 변했습니다. 그야말로 뒤통수를 맞은 기분이었습니다. 이순신은 직접 배와 무기, 성벽과 봉수대까지 빠짐없이 살펴보고, 잘못된 곳이 보이면 바로 책임자를 불러 벌을 주었습니다.

그 무렵 조정에서는 조선에 있는 일본인 마을인 '왜관'이 텅 빈 것을 보고 전쟁의 낌새를 챘고, 당장 전국에 관리들을 보내 준비 상황을 알아보았습니다. 그래서 이미 전국의 성과 병영의 무기, 군사 시설을 한 차례 둘러본 뒤였습니다. 따라서 이순신 장군이 다시 점검을 하러 올 줄은 누구도 생각하지 못했지요.

다섯 곳의 포구 가운데 사도•에서 지난번 조사가 얼마나 엉터리였는지 금세 드러나고 말았습니다. 사도 포구는 전라좌수영의 포구 중에서 가장 방비가 잘되었으니 포상을 받아 마땅하다는 보고서가 한양까지 올라갔는데, 그 문서의 먹물이 마르기도 전에 와 보니 너무나 형편이 없어 입이 다물어지지 않을 정도였습니다. 이순신은 관련 있는 사람들을 엄히 벌하고, 포구의 책임자를 바꿔 다시는 그런 일이 일어나지 않도록 조치를 한 후 다른 포구로 떠났습니다.

이순신은 이 여행을 통해 직접 눈으로 배와 군사와 무기를 점검했습니다. 《손자병법》에 적을 알고 나를 알면 백 번 싸워 백 번 이긴다••고 했습니다. 아흐레간의 포구 여행은 '나를 알기' 위한 여행이었습니다.

뿐만 아니었습니다. 이순신은 군사들이 긴장을 늦추지 않도록 조치하고, 다섯 포구의 연락망을 점검해 무슨 일이 일어나면 빨리 정확하게 모일 수 있도록 해 두었습니다. 그로부터 달포••• 만에 전쟁이 일어났습니다.

전쟁을 알리는 봉홧불이 타오르자 다른 곳은 앞다투어 도망가기 바빴습니다. 무기는 보고서에 적혀 있는 것과 달랐고, 군

• 지금의 전라남도 고흥군 점암면 금사리.

•• 한자로는 '지피지기 백전백승(知彼知己 百戰百勝)'이라고 합니다. 적군과 아군이 가진 군사력의 크기나 장단점을 알면 절대로 지지 않는다는 뜻.

••• 한 달이 조금 넘는 기간.

사들은 전혀 마음의 준비가 되어 있지 않아 어쩔 줄 몰랐습니다. 하지만 전라좌수영만은 달랐습니다. 이순신이 각 포구를 돌며 알려 준 행동 지침대로 군사들이 속속 여수 앞바다로 모였습니다.

이미 전라좌수영에는 봉홧불이 오르기 전에, 전쟁을 알리는 북소리가 두 달 전부터 울렸던 것입니다. 방비를 마친 이순신 함대는 두려울 게 없었습니다.

이순신 함대는 한산해전과 부산포해전을 통해 남해 바다를 완전히 손에 넣었고 단 한 번도 패배하지 않았습니다. 그 결과 이순신은 조선 수군을 다스리는 최고 책임자인 삼도수군통제사에 올랐습니다. 그리고는 한산섬에 운주당*을 설치하여 군사들과 장수들을 길러 내며 힘을 키웠습니다. 이순신 장군이 한산섬에 있는 동안 일본은 숨을 죽이고 있을 수밖에 없었지요.

* '계획을 세우는 곳'이란 뜻으로, 장수들과 작전 회의를 하던 본부 건물을 말합니다. 이순신은 다른 곳에 작전 본부를 만들 때도 운주당이라고 이름 지었습니다.

두 번째 백의종군

"옥문을 나왔다."

1597년 4월 1일. 한동안 끊겼다 다시 쓰여진 《난중일기》는 이렇게 시작합니다.

일본군과 싸우라는 명령을 따르지 않은 죄로 삼도수군통제사의 자리를 뺏기고 감옥에 갇혔다가 나온 이순신을 보기 위해 사람들이 몰려들었습니다. 그러나 이순신은 갑옷도, 긴 칼도, 계급도 없는 한낱 흰옷 입은 병사였습니다. 그렇다고 한가롭게 앉아 있을 수 없었습니다. 백의종군 길에 올라야 했습니다. 그나마 공을 세운다면 다시 벼슬자리에 오를 수 있지만 그렇지 않다면 평민으로서 삶을 마감해야 할 처지였습니다.

일본은 이순신이 없는 틈을 타 재빨리 침략하였으니, 이 전쟁이 바로 1597년에 일어난 정유재란입니다. 지칠 대로 지친 조선은 곳곳에서 성을 빼앗겼습니다. 이순신은 도원수 권율이 있는 초계[•]로 가서 공을 세우라는 명령에 따라 남으로 향했습니다. 그 길에서 어머니 변씨 부인이 세상을 떠났다는 소식을 들었습니다. 보통이라면 고향에 머물면서 삼년상을 치러야 했지만 그럴 수 없었습니다.

원균이 이끄는 조선 수군이 칠천량에서 패해 배와 군사와 장수를 모조리 잃었다는 소식을 들은 것은 초계마을에 왔을 때였습니다. 전라좌수사를 거쳐 삼도수군통제사로 있었던 지난 6년간 굶주림과 싸우면서 피눈물 나는 노력으로 만들었던 천하무적 함대가 허무하게 단 한 번의 싸움으로 완전히 사라지고 말았습니다.

권율은 이순신에게 남쪽 바다로 가서 상황을 살펴보라고 말했습니다. 바다와 가까운 진주에 도착했을 무렵 조정에서 삼도수군통제사에 다시 임명한다는 교지가 내려왔습니다. 진주는 통제영이 있는 한산도와 가까웠지만 이순신은 말머리를 돌려 전라도로 향했습니다.

• 지금의 경상남도 합천

이순신에겐 달랑 임금이 내린 임명장 한 장 외엔 아무것도 없었습니다. 얼마 안 되는 군사들은 말은커녕 화살도 없는 빈 활을 들고 있었습니다. 그러나 이순신 장군은 조금도 걱정하는 기색이 없었습니다. 도대체 무엇을 믿는 것일까요?

그 해답은 백의종군 길에 있었습니다. 한양의 감옥에서 나온 뒤 이순신은 무더위와 굶주림으로 힘겨웠지만 곧장 초계로 가지 않고 전라도를 한 바퀴 돌았습니다. 가장 먼저 정사준을 만나서 정보를 모았습니다. 그리고 마을들을 돌며 어디에 무기가 있고 어디에 군량미가 있고 적들은 어떤 상태인지 모든 정보를

한산도에 남아 있는 이순신의 흔적

• 해갑도
이순신 장군이 갑옷을 푼 일이 있던 섬

▲ 고동산
망을 보다가 적이 닥치면 고동을 불었다 하여 붙은 이름

• 두억리
왜병의 목이 억 개가 쌓였다 해서 붙은 이름

• 창동
군량미를 쌓아 둔 창고가 있던 곳

▲ 망곡산
망을 보던 곳

• 진두
거북선을 만들던 곳

• 의암
장병들이 옷을 빨아 입었다 하여 붙은 이름

국보로 지정된 이순신 장검

이순신 장군의 칼은 2023년에 국보로 지정되었고, 정식 명칭은 '이순신 장검(長劍)'입니다. 장인 태구련과 이무생이 만들어 이순신 장군에게 바친 칼로 길이가 197.5센티미터, 무게가 5.3킬로그램이나 되었지요. 이 칼은 너무 크고 무거워 전투에 사용할 수 없었고, 숙소에 걸어 두고 마음을 다스리는 데 썼습니다. 칼에는 이순신의 친필로 이런 글이 적혀 있습니다.

"석 자 되는 칼로 하늘에 맹세하니 산과 물이 떨고 한 번 휘둘러 쓸어 버리니 피가 강산을 물들인다."

손에 넣었습니다. 그래서 삼도수군통제사에 임명되자마자 통제영이 아니라, 새롭게 시작할 수 있는 곳인 전라도로 들어온 것입니다.

이순신 장군이 전라도에 도착했다는 소식이 전해지자 사람들이 속속 모여 들었습니다. 그중에는 이순신 함대를 이끌 지휘관들도 있었습니다. 전라도에는 임진왜란 내내 적들이 들어오지 못한 곳이 있었기 때문에 다행히 무기와 곡식이 남아 있었습니다. 곳곳에서 병사를 모으고 화살과 대포 같은 무기를 챙겼습니다. 그리고 마침내 12척의 싸움배를 찾아냈습니다. 그렇게 해서 함대의 모양새가 갖춰진 것은 8월 18일로, 삼도수군통제사에 다시 오른 지 딱 보름 만이었습니다.

죽고자 하면 살고, 살려고 하면 죽는다

그때 임금의 명령이 내려왔습니다. 조선의 수군은 이미 거의 없는 것과 마찬가지이므로 수군을 육군으로 합쳐서 적을 막아 내라는 것이었습니다. 이순신은 즉시 답장을 써서 올려 보냈습니다.

"신(臣)에게는 아직도 12척의 배가 남아 있습니다. 죽을힘을 다해 싸운다면 오히려 승리할 수도 있습니다."

이순신 장검(현충사)

이순신은 해남에 있는 전라우수영을 조선 수군들의 본부로 삼고, 장수들과 함께 죽기를 각오하고 싸우기로 맹세했습니다. 이제 조선의 바다를 지킬 수 있는 사람들은 그들뿐이었습니다.

싸움배를 한 척 더 찾아내어 13척이 되었지만 어림없었습니다. 일본군의 배가 330척이나 되고 곧 그들이 해남을 지나 서해로 지나갈 것이란 소식을 듣자 경상우수사 배설이 도망치는 일이 벌어졌습니다. 삽시간에 모두의 마음속으로 깊은 두려움이 스며들었습니다.

위태로운 순간이었지만, 이순신은 당당하게 말했습니다.

"죽고자 하면 살고, 살려고만 하면 죽는다. 너희 여러 장수들

임진왜란 주요 해전

이름	날짜	격침된 적선 수	싸움이 벌어진 곳	지휘한 수장	특이사항
옥포해전	1592년 5월 7일	26척	경상도 앞바다	이순신	
사천해전	1592년 5월 29일	13척	경상도 앞바다	이순신	
당포해전	1592년 6월 2일	21척	경상도 앞바다	이순신	
당항포 1차 해전	1592년 6월 5일	26척	경상도 앞바다	이순신	
한산해전	1592년 7월 8일	47척 격침, 12척 나포	경상도 앞바다	이순신	
안골포해전	1592년 7월 10일	42척	경상도 앞바다	이순신	
부산포해전	1592년 9월 1일	128척	경상도 앞바다	이순신	
당항포 2차 해전	1594년 3월 4일	31척	경상도 앞바다	어영담	
장문포해전	1594년 9월 29일 ~10월 4일	2척	경상도 앞바다	이순신	
칠천량해전	1597년 7월 16일		경상도 앞바다	원균	조선 수군 크게 패함
명량해전	1597년 9월 16일	31척	전라도 앞바다	이순신	
노량해전	1598년 11월 18일 ~11월 19일	200척	경상도 앞바다	이순신-진린	이순신 전사

임진년(1592년)에만 일곱 번의 전투가 있었고, 모두 경상도 앞바다에서 벌어졌습니다. 이순신 장군은 자신의 관할이 아닌 곳에서 일곱 번 싸워 일곱 번 이긴 셈입니다. 그동안 조선 수군의 피해는 같은 편끼리 부딪혀서 깨어진 단 한 척뿐이었다고 합니다. 전쟁 준비를 미처 하지 못했던 조선으로서는 일본과 전력이 비슷해진 셈입니다.

은 살려는 생각을 버려라."

그렇다면 이순신은 정말 운명을 하늘에 맡긴 채 바다에서 적과 싸우다 장렬히 전사하려는 것일까요?

'철저히 계산하고 준비하면 절대로 한 사람도 죽지 않는다. 그러니 죽음을 두려워하지 않아도 된다. 그것이 싸움의 과학이다!'

어린 시절 진법을 연구하며 싸울 때, 싸움은 힘이나 숫자로 하는 게 아니라 과학으로 하는 것이라는 사실을 깨달은 순간부터 이순신의 믿음은 오로지 이것 하나였습니다.

이순신이 복귀했다는 소식을 듣고 부근의 고기잡이배들도 몰려왔습니다. 바다를 터전으로 사는 어부들도 기댈 곳은 이순

신 장군밖에 없었습니다. 이순신은 그 배들을 싸움배처럼 꾸며 조선 수군의 뒤에 세웠습니다. 멀리서 보면 대군이 있는 것처럼 보이도록요.

일본군은 반드시 물살이 가장 빠른 보름날쯤 그곳을 빠져나가리라 예상했습니다. 미리 곳곳에 정보원을 보내 적들의 상태도 확인했습니다. 일본군의 목표는 분명해 보였습니다. 빠르게 남해를 빠져나가 서해로 가는 것입니다. 그렇게 해야 막 추수를 끝낸 곡창 지대 전라도를 손에 넣을 수 있을 터였습니다. 적선의 숫자는 많았지만 다행히 배의 크기는 크지 않았습니다.

이순신은 이때 승리를 확신했습니다.

'배가 작다는 것은 대포를 싣지 않았다는 것이다. 이길 수 있다!'

명량 앞바다의 물길에 대해서도 연구를 마친 이순신은 벽파진 아래에 있던 배들을 해남 우수영 앞으로 옮겼습니다. 울돌목의 거센 물살을 이용하기 위해서였습니다.

1597년 9월 16일 새벽에 가장 빠른 조류가 진도 앞바다로 몰아쳤습니다. 예상대로 적의 배가 까맣게 바다를 메우며 다가왔습니다. 병사들의 얼굴은 파랗게 질렸고 미리 겁을 먹은 지휘관들이 슬금슬금 뒤로 물러서기 시작했습니다. 그때 이순신이 탄 대장선이 먼저 적들 앞으로 달려가며 대포를 쏘고 화살을 쏘아 댔습니다. 그러자 기세등등하던 일본군 배들이 앞으로 나오지 못한 채 우물쭈물하기 시작했습니다.

이윽고 대장선 위로 초요기˙가 올랐습니다. 깃발을 보고서야

• 대장이 장수들을 부르고 지휘하는 데 쓰는 신호용 깃발

물러섰던 김응함과 안위의 배가 앞으로 달려 나갔습니다.

"군법에 죽고 싶으냐! 도망간다고 어디 가서 살 것이냐! 당장 처형할 것이지만 상황이 급하니 우선 공을 세우도록 하라."

두 장수는 정신을 번쩍 차리고 죽을힘을 다해 싸우기 시작했습니다. 그러나 안위의 배가 적에게 포위되어 버리고 말았습니다. 안위의 배 위로 적군들이 까맣게 올라가는 모습을 지켜보는 모두가 숨도 쉬지 못했습니다.

그때 대장선이 벼락 같은 대포를 쏘면서 안위의 배를 구하러 나갔고, 드디어 포위했던 적선 3척을 전부 깨뜨려 버렸습니다. 게다가 바다 위에선 최고라고 자부하는 일본의 장수 미다키의 목을 베어서 높이 걸었습니다. 이렇게 되자 적들은 풀이 죽어 슬금슬금 뒤로 밀리기 시작했습니다.

드디어 조류의 방향이 바뀌기 시작했습니다. 순식간에 일본 배들은 뒤엉켜서 엎어지고 깨지고 아수라장이 되었습니다. 이순신 함대는 그들을 향해 대포를 퍼부었고 수군들은 손가락이 너덜너덜해지도록 활을 쏘았습니다. 불화살이 바람을 타고 쏟아지자 일본군의 배가 순식간에 불길에 휩싸이기 시작했습니다.

31척의 배를 잃은 왜군은 더 이상 버티지 못하고 물러갔고 드디어 이순신 함대는 단 13척으로 330척에 맞서 싸워 이겼습니다. 세계 해전사에서 '기적'이라 불리는 명량해전의 승리는 스스로를 믿는 사람만이 얻을 수 있는 행운이었으며, 죽기를 각오하고 싸운 전사들에게 찾아온 선물이었습니다.

명량대첩

이순신은 우선 벽파진 앞바다에 있었던 수군을 우수영으로 옮겼습니다. 벽파진 앞은 물살이 가장 거센 울돌목을 뒤로 하고 싸워야 하고 일본 배 330척과 고스란히 맞서야 합니다. 하지만 우수영으로 옮기면 일본군은 좁은 울돌목을 건너야 합니다. 그러려면 벽파진 앞쪽으로 130척밖에 다가올 수 없었습니다. 25대 1의 싸움은 10대 1의 싸움이 되었습니다. 울돌목을 통과할 수 있는 배의 숫자는 더 줄어들어서 31척에 불과했습니다. 이제 차이는 거의 2대 1에 가까워졌습니다. 이순신은 적들이 울돌목을 건너오는 것을 기다려 싸웠습니다.(1차 격전지)
게다가 판옥선에는 대포가 가득 실려 있었습니다. 일본의 배는 대포를 실을 수 없는 가벼운 배였기 때문에 가까이 다가와서 조총으로 쏘지 않으면 안 되었죠.
판옥선 한 척의 힘은 일본의 중간 크기 싸움배 14척과 맞먹는다고 하니 이순신과 김응함, 안위 셋이면 벌써 일본 배 31척보다 힘이 큽니다. 이순신은 이것을 이미 계산하고 '신에게는 아직도 12척의 배가 남아 있습니다.'라고 말했던 것입니다.
울돌목은 우리나라에서 바닷물의 흐르는 속도가 가장 빠른 곳으로 시속 20킬로미터나 됩니다. 바닷물은 폭이 좁은 곳에서 빨리 흐르는데, 이곳은 바다가 깊고 속이 울퉁불퉁하기 때문에 물살이 더 빠르게 요동쳐 흘렀습니다. 물살이 통과하면서 나는 소리가 마치 우는 소리와 같아 '울돌목'이라 불렸고, 이것을 한자로 쓰면 '명량'입니다.
일본군은 동쪽에서 서쪽으로 흐르는 밀물을 이용해서 재빨리 지나갈 생각이었지만 이순신은 이것을 미리 알아차리고 앞으로 달려가 싸웠던 것입니다. 곳곳에 미리 설치되어 있었던 철쇄가 일본 배들을 걸어 넘어뜨리기도 했지요.
오후가 되자 바닷물의 흐름이 바뀝니다. 썰물이 된 거죠. 이제 바닷물의 방향은 반대로 서쪽에서 동쪽으로 흐르기 시작했고 일본의 배들은 울돌목을 건너기는커녕 버티기도 힘들어졌습니다.(2차 격전지) 그때 마침 북쪽에서 바람이 불어와 불화살을 던지자 일본 배들은 불길에 휩싸이기 시작했습니다.(3차 격전지) 이렇게 명량대첩은 철저하게 계산된 승리였습니다.

세상에서 가장 아름다운 유언

고니시 유키나가

순천 왜성

일본 무장 고니시는 도요토미 히데요시 밑에서 공을 세워 단숨에 출세했습니다. 임진왜란 때 조선 침략군 맨 앞에 서서 명나라와 강화 회담을 주도하는 등 일본군을 지휘했으며, 정유재란 때에는 전라도 순천에 왜성을 쌓고 그곳에서 싸움을 지휘했습니다. 노량 앞바다에서 이순신-진린 함대의 공격을 받아 겨우 목숨만 건져 일본에 돌아간 뒤 1600년에 죽었습니다. 고니시는 천주교 신자로 자신의 배에 십자가 모양의 기를 달고 출전했다고 합니다.

　명량 앞바다에서 크게 패한 일본은 결국 물러설 수밖에 없었습니다. 그리고 이듬해 8월 전쟁을 일으켰던 도요토미 히데요시가 죽자 완전히 철수하기로 마음먹고 몰래 도망가기 시작했습니다. 전쟁을 이끌던 일본 장수 고니시는 명나라 장수 진린에게 온갖 뇌물을 바치면서 자신들이 물러날 길을 열어 달라고 부탁했습니다.

　1598년 7월 명나라는 일본군이 중국 바다로 오는 것을 걱정해서 수군을 보냅니다. 5,000명의 명나라 수군을 이끌고 온 제독 진린은 원래 탐욕스럽고 난폭했습니다. 게다가 구원군으로 왔다고 거들먹거리는 모습은 차마 눈 뜨고 볼 수 없을 지경이었습니다. 조선의 관리를 돼지처럼 목에 새끼줄을 매고 질질 끌고 다니기까지 했지만 아무도 말릴 수 없었습니다. 진린을 막을 수 있는 사람은 아무도 없었습니다.

　그런 진린이 이순신 부대와 합류한다고 하자 모두 한마디씩 했습니다.

　"이번엔 이순신이 질 것 같소."

　사람들은 진린이 어떤 행패를 부려 이순신 장군을 욕보일지 걱정이 태산 같았습니다.

　이순신 장군은 진린에 대한 소문을 들은 다음, 군사를 풀어

사냥을 해 오게 했습니다. 그는 술과 고기로 푸짐하게 한 상 가득 차려 진린의 행차를 황제 부럽지 않게 대접해 주었습니다. 진린은 기분이 좋아 입이 귀에 걸렸습니다.

"이순신은 참으로 뛰어난 장수요."

진린의 이 말에 모두들 안도의 한숨을 내쉬었습니다.

그 후에도 이순신은 일본군을 잡은 공로를 모두 진린에게 돌렸습니다. 그러자 진린은 이순신에게 점점 호감을 가졌습니다. 직접 명나라 황제에게 청해서 선물을 내려 보내라고 할 정도였습니다.

그런 진린이었지만 고니시의 청을 들어주기로 했습니다. 달아나는 일본군을 무찌르기 위해 굳이 명나라 수군을 희생시킬 필요가 없다고 판단한 것입니다.

이순신 장군은 절대로 그냥 돌려보낼 수 없었습니다. 그동안 일본은 두 번이나 조선 땅에 쳐들어왔습니다. 다시는 조선 땅에 얼씬도 못 하게 혼쭐을 내야만 조선을 넘보지 않을 것입니다. 이순신은 진린을 끈질기게 설득하고 또 설득했습니다. 마침내 진린도 이순신의 설득에 넘어가 출전을 약속하였습니다.

조선 침략 전쟁을 지휘한 고니시를 치기 위해 차가운 겨울바다에 나선 것이 1598년 11월 18일이었습니다. 밤 12시가 되자 이순신 장군은 손을 깨끗이 씻고 갑판 위로 올라가 무릎을 꿇고 외쳤습니다.

"이 원수를 무찌른다면 죽어도 여한이 없겠습니다."

하늘에 대고 맹세하는 이순신의 목소리가 밤바다 위에 메아리쳤습니다. 군사들은 모두 숙연해졌습니다. 이순신은 이때 이미 자신의 죽음을 내다본 것일까요?

노량 앞바다에서 11월 19일 새벽 2시에 시작한 싸움은 아침이 훤히 밝아 올 무렵까지 계속되었습니다. 7년간 벌어졌던 해전 중에서 가장 처절했던 싸움이었습니다. 명나라 싸움배 63척과 우리 싸움배 20척은 일본 싸움배 500척을 맞아 하나씩 하나씩 깨뜨려 나갔습니다.

싸움이 점점 치열해지면서 바다에는 수많은 일본군의 시체가 떠오르고 배가 불타고 있었지만 저항도 만만치 않았습니다. 거북선을 이끌었던 용감한 이언량도 이순신이 아끼던 이영남도 목숨을 잃었습니다. 용감한 장수들이 차례로 적의 총탄에 무릎을 꿇고 진린이 이끄는 명나라 수군마저 일본군에 포위되면서 조선-명나라 연합군은 위기에 빠졌습니다.

그 순간 나대용을 비롯한 조선의 장수들이 죽음을 무릅쓰고 진린을 구하기 위해 달려들었고, 진린은 가까스로 포위를 풀고 나올 수 있었습니다. 적선은 이제 100척도 남지 않았습니다. 패배할 것 같자 적들은 도망치려 했습니다. 하지만 그대로 놔둘 수 없었습니다. 7년 동안 조선 백성들이 겪은 고통에 대한 대가를 받도록 해야 했습니다.

대장선 위에 서 있는 이순신이 직접 북을 쳤습니다. 북소리가 거칠어지자 조선-명나라 연합 함대는 도망치는 일본군을 쫓기 시작했습니다. 그때, 한 개의 탄환이 대장선으로 날아들더니 이순신 장군의 왼편 겨드랑이를 파고들었습니다.

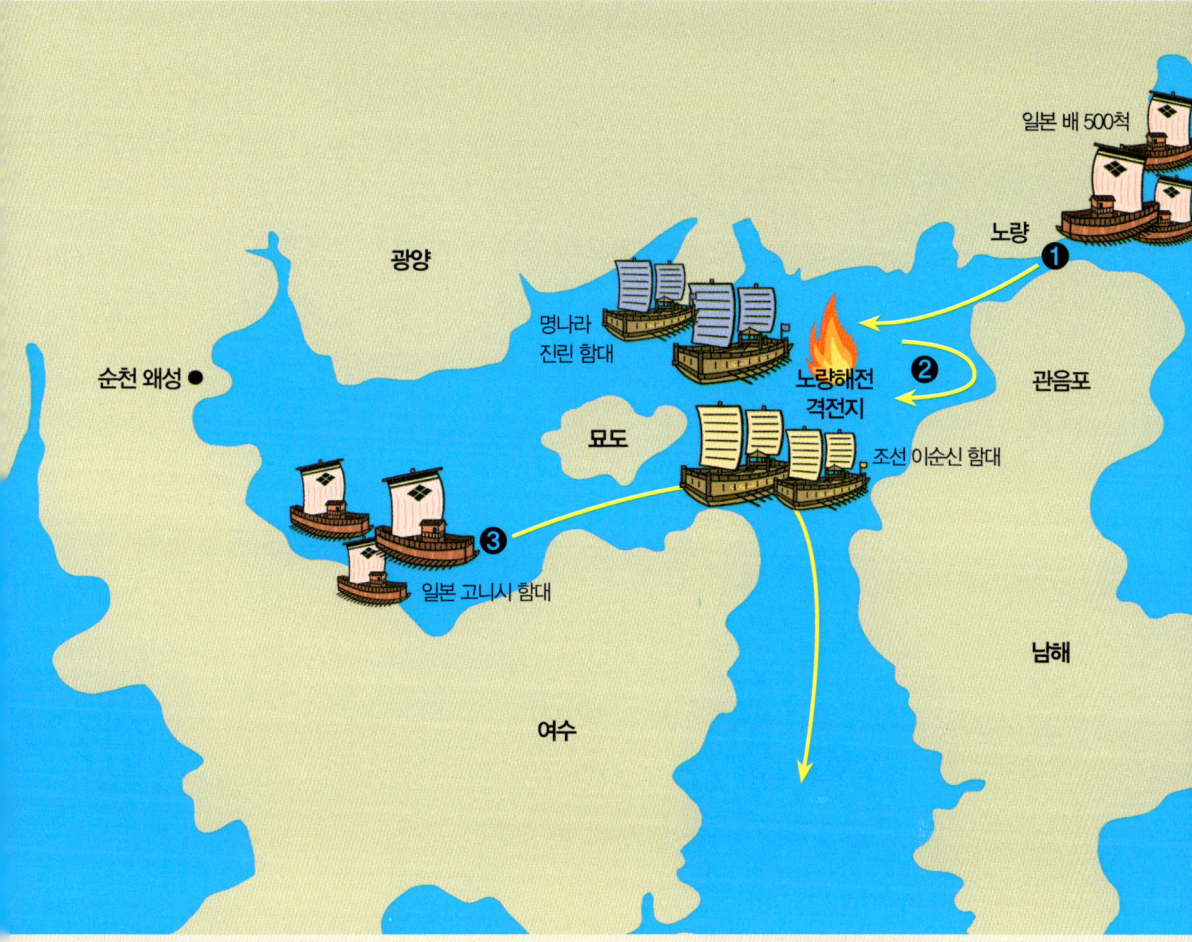

노량대첩

순천 왜성에 있던 고니시를 빼내기 위해 노량을 건너 일본의 구원군 500척이 건너왔습니다.(❶) 이순신이 이끄는 조선 수군과 진린이 이끄는 명나라 수군은 포위 공격하기 위해 미리 자리잡고 기다렸어요. 노량을 건너온 일본군을 향해 명나라 함대가 북쪽에서 바람을 이용해서 불화살을 날렸어요. 삽시간에 수많은 배들이 불타기 시작하자 일본군은 관음포로 들어갔습니다.(❷) 멀리서 보면 꼭 바다 같아서 그쪽으로 도망칠 생각이었던 것입니다. 하지만 관음포는 바다가 아니라 막힌 포구란 것을 알고 돌아 나오는 길목에 이순신 함대가 기다렸다가 공격했습니다. 이것이 노량대첩으로 임진왜란 전체를 다 합쳐서도 가장 크게 싸워 이긴 전투였어요. 중국에선 남양대첩이라 칭송했고, 조선 숙종 임금 때 이름난 문신인 조상우는 이 승리를 임진왜란 3대 해전 가운데서도 첫 번째로 꼽기도 했어요. 이 어지러운 틈을 타서 고니시 함대는 줄행랑을 쳤습니다.(❸)

"장군, 어찌 된 일입니까?"

"호들갑 떨 것 없다. 조용히 방패로 나를 가려라. 싸움이 한창 급하니 내가 죽었다는 말을 하지 마라."

이순신은 맏아들 회와 조카 완에게 이렇게 말했습니다. 지켜보던 장수 하나가 그의 손에서 피 묻은 북채를 빼앗아 이순신의 자리에 서서 북을 울렸습니다. 북소리가 끝없이 바다로 퍼져 나갈 때 조선 수군은 최후의 승리를 거두고 있었고, 쉰세 살의 영웅은 조용히 숨을 거두었습니다.

이순신 장군이 숨을 거둔 곳은 관음포 바다입니다. 관음은 불교에서 그 이름을 부르기만 해도 부른 사람은 물론 들은 사람도 지옥의 고통에서 벗어날 수 있다는 자비의 신입니다. 사람들은 그 거친 바다가 관음보살처럼 자비롭기를 바라는 뜻에서 이렇게 이름을 붙였지만, 이순신 장군의 죽음을 막지는 못했습니다. 그 후 사람들은 관음포 바다를 '이낙포'라고 불렀습니다. 이순신이라는 큰 영웅이 목숨을 떨군 바다라는 뜻입니다.

그날, 전쟁은 끝이 났습니다.

노량해전에서 고니시 유키나가가 수습하여 돌아간 싸움배는 불과 50척뿐이었습니다. 임진왜란과 정유재란이란 두 번의 침략 전쟁을 지휘한 적장 고니시는 일본으로 영원히 도망쳐야 했고, 그곳에서 다시는 조선을 넘보지 못한 채 죽었습니다.

수십 년간 싸움으로 단련된 우수한 20만 대군을 이끌었던 그를 패장으로 만든 것은 실력 중심의 사회를 꿈꾸었던 이순신 단

한 사람이었습니다. 사람들은 아직도 그를, 그가 찾아낸 '이순신의 사람들'과 함께 사라지지 않을 영원한 영웅으로 기억하고 있습니다.

이순신 장군과 넬슨 제독

넬슨 제독

넬슨 제독은 영국인들이 가장 존경하는 영웅입니다. 영국인들은 넬슨 제독과 견줄 만한 유일한 인물이 있다면 단 한 번도 패한 적이 없는 위대한 동양의 해군 사령관 이순신 제독뿐이라고 말합니다.

1805년의 트라팔가르 해전을 승리로 이끈 넬슨은 노량해전의 이순신과 비교되곤 합니다. 노량해전 승리 후 200년간 일본이 조선의 바다에 얼씬도 못 한 것처럼, 트라팔가르 해전 이후 영국을 침공하려던 프랑스 나폴레옹의 계획이 무너지고 이후 100년 넘게 영국이 바다를 지배했거든요.

두 장군은 똑같이 해전에서 최후를 맞이했습니다. 이순신 장군이 마지막에 죽음을 알리지 말라고 하고 방패로 덮게 한 것처럼, 넬슨 제독도 전사한 후 주머니에 있던 손수건으로 덮고 아무도 눈치채지 못하도록 했습니다.

러일전쟁의 승리를 이끌어 국민 영웅이 된 일본의 도고 제독은 더 나아가 해군 역사상 군신(전쟁의 신)이라고 칭할 제독이 있다면 오직 이순신 제독뿐이며 넬슨은 비교가 안 된다고 못 박았습니다.

노량해전은 조선과 명나라가 함께한 작전 중 유일하게 승리한 전투였습니다. 명나라에서 파견한 조사관 서관란은 노량해전을 일컬어 남양대첩(남쪽 바다의 큰 승리)이라고 말했습니다. 오늘날에도 중국 학계에서는 이순신을 '조선 민족의 영웅'으로 평가하며 업적을 칭송하고 있습니다.

연표로 보는 인물들의 발자취

연도		이순신	이순신을 만든 사람들
1514년			**정걸** 태어남
1534년			**어영담** 태어남
1545년	3월 8일	서울 건천동에서 덕수 이씨의 12대손으로 태어남	
1555년			**정걸** 판옥선 제작에 참여
1556년	7월 29일		**나대용** 태어남
1561년	7월 24일		**이억기** 태어남
1562년			**이운룡** 태어남
1565년		보수 군수 방진의 딸과 결혼	
1566년	10월	무예를 배우기 시작함	
1572년	8월	무과 시험 중 말에서 떨어져 다리가 부러지고 낙방	
1576년	2월	무과 시험에 합격	
	12월	함경도 동구비보 권관(종9품)이 됨	
			나대용 문과 시험 포기하고 무과 시험 준비 시작
1579년	2월	훈련원 봉사(종8품)로 임명, 서익의 청탁 거부	
1580년	6월	발포(전남 고흥) 만호(종4품)로 임명	
1582년	1월	군기경차관 서익의 허위 보고로 파직	
	7월	함경남병사의 군관으로 부임	
	10월	건원보 권관으로 여진족 추장 울지내를 사로잡음	
1583년			**나대용** 무과 시험 합격
			이억기 경흥 부사로 여진족 토벌
1585년			**이운룡** 무과 시험 합격
1586년	1월	삼년상이 끝난후 사복시 주부(종6품)로, 다시 16일 후 조산보 만호(종4품)로 임명	
1587년	8월	녹둔도 둔전관 겸임	
1587년	10월	여진족이 녹둔도를 침입하자 이를 격퇴했으나 북병사 이일의 허위 보고로 파직, 백의종군	**이운룡** 녹둔도에 군사를 매복하였다 기습하여 다수의 백성을 구함

연도		이순신	이순신을 만든 사람들
1587년	10월		**이억기** 온성 부사로 녹둔도 전투의 책임을 물어 옥에 갇힌 이순신 구명 운동
1589년	1월		**이운룡** 옥포 만호로 부임
	2월	전라순찰사 이광의 군관으로 임명	
	12월	정읍 현감으로 부임	
1591년	2월	전라좌수사로 임명	**이억기** 전라우수사로 임명
	3월		**나대용** 이순신을 찾아가 거북선 설계도를 바치고 이순신 밑에서 전선감조 군관에 임명됨
1592년	1월		**이봉수** 수중 철쇄와 관련한 임무를 맡음
	2월 4일		**이봉수** 북봉 연대를 쌓음
	4월 9일		**어영담** 물길 전문가로 발탁
	4월 12일		**나대용** 거북선 완성
	4월		**이운룡** 도망치는 원균을 찾아내 경상우수영을 복구하고 이순신 함대에 구원 요청
	5월 4일		**어영담** 첫 출전하는 이순신 함대 길 안내를 맡음
	5~7월경		**정사준** 상제의 몸으로 이순신 밑에서 종군
	7월 7일		**이운룡** 한산해전에서 유인책을 활용할 것을 건의해 이순신이 받아들임
	9월 1일		**정걸** 부산포해전을 기획
	11월		**이봉수** 염초 굽는 법을 알아냄
1592년	1월 26일		**이봉수** 염초 천 근을 만들어 다음 출전을 가능하게 함
	1월 27일		**어영담** 거제, 웅천 등지에 출전한 동안 독운어사 임발영 광양현 순시
	2월 12일		**정걸** 행주산성을 지키는 권율 장군에게 화살을 가져다줌
	4월		독운어사 임발영이 광양 현감 **어영담**을 파직
		어영담을 유임시켜 달라는 장계를 보냄	

연도		이순신	이순신을 만든 사람들
1593년	7월	수군 진영을 한산도로 옮겨 운주당을 세우고, 전쟁 물자를 준비하고 수군을 훈련하기 시작	
	8월		**정사준** 일행 정철총통 완성
	10월	삼도수군통제사에 오름	
	윤11월 5일		**어영담** 광양 현감에서 파직
	윤11월 17일	어영담을 자신의 조방장으로 임명해 달라는 장계를 보냄	
1594년	3월 4일		**어영담** 자신의 특공대를 이끌고 당항포 2차 해전에서 승리함
	4월 9일		**어영담** 세상을 떠남
1596년			**이운룡** 이순신의 천거로 경상좌수사에 임명
1597년	2월	대신들의 탄핵으로 서울로 압송	
	4월 1일	투옥된 지 28일 만에 석방, 백의종군	
	7월 16일		**이억기** 칠천량해전에서 원균의 지휘를 받고 싸우다 전사
	8월 3일	다시 삼도수군통제사가 되고, 남해안을 샅샅이 돌아 싸움배 12척을 수습함	
			정걸 세상을 떠남
1598년	7월	명나라 수군제독 진린과 연합 함대 구성	
			이운룡 경상좌수사에서 탄핵 후 복직
	11월 19일	노량해전에서 전사	
1605년			**이운룡** 삼도수군통제사에 오름
1610년			**이운룡** 세상을 떠남
1622년			**나대용** 세상을 떠남
1634년			**이봉수** 세상을 떠남